JN235552

慟哭

母に捧げるレクイエム

天路 のぼる

文芸社

プロローグ

　九二年十月二日、午前十時。最後の決別をして、棺は点火された。私はひとりボイラーの煙突の見える、上の駐車場にたたずみ、灼熱の炎で灼かれる母の体から立ち上る、揺らぎの蒸気と音の中で号泣していた。私の周りには誰もいず、私のおえつを聞いててくれたのは、ただ一人母だけであった。切歯し胸をかきむしる悔しさが、身を苛む。

　こんなに早く逝く母ではなかったのに、なぜ？　死に水をとってやることもできなかった悔しさ切なさが堂々巡りして、全身をかきむしる。激しい炎《ほむら》に皮膚と毛髪は焼かれ、いま昇る蒸《む》るる気は内臓が焼かれているのでは――俺が、この俺が、母を完全看護の公営病院に入院させていながら、たった一カ月で……。涙が止めどなく頬を滴りつたう。

慟哭—母に捧げるレクイエム●目次

第一章

明治三八年生まれの母。日光は東照宮の鎮座する街、その宮大工の長女として生まれ、由緒ある家にふさわしい名前「志ず恵」、から推してもわかるように明治生まれにしては、格調ある名前だった。折角の名をつけた父親（祖父）は彼女、弟、妻をも捨て北海道に、浮気女と、手に手をとって逃避してしまったのであった。母の十二の時であったという。

さあ、それからは病の母親、幼い弟を親戚に預けての苦労が始まった。おそらく、筆舌に尽くせぬ苦労であったろう。乳母日傘で育てられた恵まれた生活から一転しての、子守り、女中奉公など、暗たんたる毎日であったろう。

この頃を含め、過去のことを聞こうといくら水を向けても、あの何でも話す親友以上の近親感を抱いている母が、頑として承知せず、冗くも聞こうとすると涙ぐみ、その話しはもう止めてという始末。私はどんなに辛い苦しい時代を経てきたかわかったような気がして、もう二度と訊ねてみようとは考えなかった。

父という堅気で融通のきかぬ男と結婚したが、何処で知り合い求婚されたか尋ねても、親をからかうんじゃないよと、顔を赤らめていた母。私を含め、男女交互に七人を儲けた母。分け隔てなく、一人一人変わらぬ愛情を持ち続けた母。

そして、その弟妹たちの総領としての責任、自覚を厳格な父から教えられ薫陶を受け、母からはその右腕とも頼りにされ、限りない慈愛を受けた者として弟妹たちの面倒はこの手でという責任と自覚が、幼い中から培われていたことも過言ではない。

母への思慕は限りない。幼い時の印象は、私の幼稚園時代のことがはっきり浮かぶ（この江尻幼稚入園も、昭和初めの米騒動の初生する前年で、苦しい生活の中、母が父に「長男であるから是非入園させて、費用は私が手内職をしてでも」と頼み、叶ったことであった）。

入園中、森よし子師が、私に日曜学校に来ないかと薦めてくれた。びっくりし、

「エッ、日曜にも学校があるの？」

「イエス様のお話しを聞き、賛美歌を歌うのよ」

歌の好きな私は、

「お母さんに聞いて、イイヨ、と言ったら行きます」

と答えた。帰宅し母に行ってイイ？　と聞く。

「日曜に家にいても、遊んでばかりいて勉強もしないのなら、キリスト教会で日曜の学校をやっているのなら、近所の友だちも誘って行ったらイイ」と許してくれた。もしこの時、母の許しがなかったら、永久に教会とは縁がなかったのでは……。

近所の遊び仲間を連れ、旭町にあった美普教会に通い始めた。同じ巴町にあった山田段ボー

ルの清師が、我々を迎えに来てくれた。この師と校長である兄茂師、貝沼牧師により、幼稚園、小学低学、高学、中学課に分かれ教示された。

ウマが合ったというか、中途離脱の友を尻目に通い続け、毎年クリスマスには皆勤、精勤賞を頂戴する栄誉に輝いた事も懐かしい思い出である。

中学入学したての頃、終生忘れる事のできない事件が起こった。一学期が終る間際、現在でも問題になっている〝イジメ〟の問題が起こっていた。どのクラスにでもいるノロ、グズと呼ばれる子を放課後、依ってたかって殴る蹴るなどの暴力を振るい、ベソをかきながら帰る同級生を見るに見かね、

「何で、寄ってたかって一人をいじめるのか。同級生ではないか。いい加減で止めろよ」

と、止めに入ったところ、今度は生意気だと矛先を向け変え、無抵抗の私に暴力を振るったため、ボタンは取れ服は千切れ、顔もミミズ腫れの有り様。泣くまいと歯を喰いしばりながら帰宅した。

母は、新入生の私がなんでこんな酷い姿で、と動転したに違いない。が、すぐ傷の手当をし、破れた服の縫い合わせをしてくれた。その最中に帰宅した父は、私を見るなり血相を変え激怒し、大切な息子が酷いめに逢わされそれを止める事もできない学校などとんでもない。これか

ら文句を付けに行くと息まく始末。

私と母は級友同士で起こったことゆえ、親が口出す筋合いではない、と懸命に止め収めた。変形した顔を一晩中冷し続けた母。治らぬまま翌朝、

「決して、やられた事を恨んではいけない。助けた人がいたという事を忘れないでネ」

背中で母の声を聞きながら登校した。クラスの出欠を取る担任教師に顔を見られ、すぐ教壇に立たされ、

「どうしたんだ？」

という教師の問いに、私を殴った連中は肝をつぶしたに違いない。いじめを止めに入った私をリンチしたとなると、よくて停学、悪ければ放校。きっと震え上ったことだろう。

「悪い事をして、父に殴られました」

「嘘を言うな、いくら悪い事をしたからといって顔が変形するまで殴る親がいると思うか、本当の事を言え」

私は、あくまでも父に殴られたと言い張った。

すでに、いじめの事実を承知されていた師は、

「級友たった一人を集団でリンチするなんて、卑怯な奴らだ。しかも、いじめられているのを知

りながら、見て見ぬふりをするとは情けない奴らだ。今後こんな事が起こったら容赦しないぞ、覚悟しておけ。級長、お前は皆より一つ年上でもある。今後はお前が責任を持ち、取り仕切れ」

私に、「大変だったな、よく我慢してくれた」と言われた。

帰宅し母に報告すると、

「それごらん。正しいと思う事、弱い人たちの味方になれる事を実行することが、お前の通っている日曜学校の神様のお守りも受ける事になるんだよ」

としみじみ言っていたし、帰って来た父も、

「痛かったろうが、よく我慢したな。これで、いじめもなくなるだろう」

と褒めてくれた。

中学校へはとても行ける状態ではなかったが、父母が中学だけは出ていないと、と懸命に頑張るのを見て、私も自分にできる事をと、新聞店をしている友に、

「夕刊は、宿題もあるし運動もあり無理だが、朝ならば配達できる。何とか配らせてくれ」

と、頼み込んだ。

「六年のお前に、三時か三時半の起床は無理だし、一日たりとも休む事はできないのだぞ」

渋る友人になおも、

「やるよ、必ずやり通すから、親父さんに頼んで欲しい」

執拗に粘った末、彼の口添えでＯＫを取り、父母に

「許可を受けたから明日からやるよ、入学費と授業料の不足分だけ足してよ」

と、承諾を迫った。

「無理だ、長続きはしない。勉強にも触る」

などと慰撫されたが、

「もう決めたんだよ。少しでも役に立てばそれでいいんだ。したいからやらせて」

と、強引に押し通した。

次の日から二年の三学期迄の丸三年間、早朝寝過ごしてはと必ず先に目覚め、私の支度を見つめていた母。あの日を今でも思いだす。

昭和十六年。風雲急を告げ、三学期を待たずに卒業式を終え、市内のＩ鉄工所に徴用される事になった。そして、実社会にもまれることになるわけだが、ここでの約三年足らずが、私の人生での素晴らしい体験となり、良き先輩や友にも恵まれ、苦しい環境下ではあったが私なりに青春を謳歌した。この体験が既刊の『シベリヤ、ノスタルジヤ』のシベリヤ、スープの役立てとなって現れる訳である。

戦争もいよいよ末期。負けが濃くなる二十年十二月九日、静岡地震発生。その翌日、一年繰り上げの兵役として、十九歳の私にも赤紙は容赦なかった。半壊の家で、父母弟妹叔父、近所の皆様に囲まれ、出征式はひっそりと行われた。物資は極度に不足していたが、母はアチコチつてを求めて野菜、魚などで、確か五目寿司を作っていてくれた。

別離の盃の時、傍沱の涙は盃の中に滴り落ちた。おそらく再び相見る事は絶対にないだろう。戦闘苛烈、サイパン、ルソンの米軍の反撃、空襲に脅える全国主要都市。征く私よりも、腰痛の父、六人の弟妹を抱える母の方が、頼りにしたいであろう長男と、今生の別れをしなれけばならないとは、身も世もなかったに違いない。

一兵士として国に忠誠を誓う立場であれば仕方ないとしても、父母はどんな思いか。手塩にかけ、はぐくみ育てた息子が、一片の赤紙で兵隊にとられ、戦死か戦病死を覚悟しなければという心痛。両親の目からも涙が滴り落ちる。

弟妹たちも、大きい兄ちゃん、と敬慕した兄貴が忽然と消え、明日から家にいなくなることに虚しさを覚えたであろう。裏腹に、負わなければならない責任感が、中卒の妹と、中二の弟の胸を占めていたに違いない。

永遠の別離に、口にこそ出さなかったが

「大きい兄チャン、絶対死んでは駄目。必らず生きて帰ってね」

という気持ちは、二つの目から涙となり滴り落ちた。

朝一番で立ったのは、すでに列車の運行が遅延し始めていたからだった。腰が痛み始めていた父と次弟が付き添いで来てくれていた。途中、母の心づくしの五目寿司を最後の手料理と味わいながら、昼前とうとう上野に到着した。

常磐線に乗り換えて、我孫子には私ひとりで行くことになっていた。家族の兵門までの見送りは禁止されていたからである。駅の階段を上って行く私に、灼き付くようなふたりの視線。それを背にひしと感じながらも、私は振り向くことができなかった。男として、召された者としての涙をどうして見せられるかっ、と歯をくいしばりつつ「達者でいてくれよ」を心で繰り返しながら、階段を上がって行った。

東部八十三部隊の一員になった私ら初年兵の訓練は、北支の部隊に配属され、転属後に実施される旨告げられ、確か五日後の出発となった。しかし、我孫子駅からではなく、柏の駅に集合となった。

(この日私たちの部隊が出発した後に、父と弟は、我々を受領にきた地元の准尉から、今度の新兵は北支に行くということを漏れ聞いた。一目なりとも最後の決別をしたいと、他の同時入隊の方々誘い合わせての訪問になった。柏駅に兵隊が大勢いるのを横目で見ながら我孫子で降り、駅員から柏に集結していると聞き、すぐに折り返した。が、逢うことができず、遅く出発する兵の親が我が子と肩を抱き合う姿をどんなに羨ましく思ったか。折角来たのに逢えなかった無念さを書き綴った手紙の存在は、シベリヤ抑留中の二年目末に知ったのだったが……)

関門海峡を渡り、釜山着。一路朝鮮半島を縦断し、山海関より中国に入り、十二月末に勤務地に到着。三国志で名高い開封であった。その素晴らしい景観を観る暇とてなく、正月三ヶ日が済むと容赦なく苛酷な訓練が開始された。他の連中に退けは取らぬ、故郷の栄誉はこの身に掛かっていると、自分の力を存分に発揮し頑張った。

四月には、中学以上の学歴のあるものは幹部候補生としての試験が、強制的に実施された。集合教育でまたまた絞られたあげく、上等兵に昇進し、八月一日原隊復帰となった。ところが、三日にはついに開封を撤去して、満州警備の命令が下されて移動することになった。

南方方面軍惨敗のため急遽、満州警備の関東軍が進発し、その間隙を我々北支の部隊が補充すべく、北上したのだった。天津を経て、国境の山海関から満州に入ったのが十日だった。(この日ソ連側が一方的に不可侵条約を破棄し、侵攻したるを知るよしもなく北上を続けていた。)

この北進の間、不可思議に感じたのは、停車中に垣間見た反対の南に下る貨車に邦人らしき

恐縮ですが
切手を貼っ
てお出しく
ださい

112-0004

東京都文京区
後楽2−23−12
(株) 文芸社
ご愛読者カード係行

書　名					
お買上 書店名	都道 府県　　市区 郡　　書店				
ふりがな お名前			明治 大正 昭和　年生　歳		
ふりがな ご住所	□□□-□□□□			性別 男・女	
お電話 番　号	(ブックサービスの際、必要)	ご職業			

お買い求めの動機
1. 書店店頭で見て　2. 当社の目録を見て　3. 人にすすめられて
4. 新聞広告、雑誌記事、書評を見て(新聞、雑誌名　　)

上の質問に 1. と答えられた方の直接的な動機
1. タイトルにひかれた　2. 著者　3. 目次　4. カバーデザイン　5. 帯　6. その他

ご講読新聞　　新聞	ご講読雑誌

文芸社の本をお買い求めいただきありがとうございます。
この愛読者カードは今後の小社出版の企画およびイベント等の資料として役立たせていただきます。

本書についてのご意見、ご感想をお聞かせ下さい。

① 内容について

② カバー、タイトル、編集について

今後、出版する上でとりあげてほしいテーマを挙げて下さい。

最近読んでおもしろかった本をお聞かせ下さい。

お客様の研究成果やお考えを出版してみたいというお気持ちはありますか。

ある　　ない　　内容・テーマ（　　　　　　　　　　）

「ある」場合、弊社の担当者から出版のご案内が必要ですか。

希望する　　希望しない

ご協力ありがとうございました。

〈ブックサービスのご案内〉

当社では、書籍の直接販売を料金着払いの宅急便サービスにて承っております。ご購入希望がございましたら下の欄に書名と冊数をお書きの上ご返送下さい。（送料１回380円）

ご注文書名	冊数	ご注文書名	冊数
	冊		冊
	冊		冊

婦人たちが押し込まれ、力なげに手をふり、背負うた子がなにか叫ぶ姿であった。満蒙開拓移住者の家族であれば当然、主人としての男性の姿がなければならないのに、全く見えず、着のみ着のままの状態で遁走し、貨車に押し込まれたように見受けられたからだ。

まだ夏期なので風邪の懸念はなかったが、各々の表情は疲労困憊を浮かべていた。それが緊急脱出とわかったのは、新京（長春）に着いた八月十五日の朝であった。

発車の意思のないままに停車しているとき、「正午に重大放送がある、各班のラジオで聞くように」という伝令があつた。「重大放送」とはナニゴトか？　と緊張のうちに正午を待つ。玉音放送とのことで頭を垂れてお聞きする、が数万キロの皇居よりのお声からは、何をいわれておられるかは判明できなかったが、その重々しく、格調高いお声は玉音にまちがいない。

続いて伝令が部隊長通達として、「いまの玉音放送は、戦争完全停止のご詔勅である」と伝えられた時、ため息と共に期せずして「万歳」が車内をこだました。終戦だ！　戦いは終了したのだ。さあ、故国に向かって引き上げだ！　肩を叩きあいながら歓喜しあった。

私はその歓呼の中で、これが終戦であると聞かされたとき、全く信じられぬ気持ちだった。国の大義に殉ずるという、真摯な気持ちを持ち続けていただけに、負けたという感じは、私たちが一度も戦闘を行ったことなどなかったことと相まって、毛頭起きてはこなかった。だが、背骨の支えが外されたという思いは徐々に湧いてくるのだった。

私たちの気持ちを天が汲んだか、察せられたか、乾燥期にしては珍しく雨が降り続いた。その雨を冒して、新京より先の公主嶺へ向け、下着までびしょ濡れになりながら行進した。兵器返納のためであった。

途中破壊されたタンクが黒煙を上げているのを横目で見ていると、不甲斐ない日本兵に反感を抱く、暴徒化した満州人の攻撃を受ける事態が起こったりして、行進は遅延に遅延を重ね、僅か十余里の公主嶺まで数日かかる有様だった。着く前に貨物廠があり、ここで武器という武器は完全没収された。通訳立会いのもと、ロスキの兵隊が横柄な態度で、他に何もないかを疑わしい目で見回していた。

貨物廠の仮住まいが続き、出発の朝全員を集め、部隊長は「今より環境の良い所に行く。諸氏も体を大切にするように」といわれた。ちよっと不審に感じたのは、何故ずばり、これから帰国する、故国の土を踏むまでは体を大切にするように、といわれなかったのかということ。そしてもうひとつは、故国に帰還できるというのに、ここから逃亡する兵士がかなりいるということだった。故国に帰れるのにどうして逃亡するのか？　首をかしげていた。

班内の物知りがいうには、彼らは現地招集のオッちゃんたちだ。現地に残した家族のことが心配で、後はどうなろうとも家族に顔を見せに行くのではと、うがったことをいい我々を納得させてはいたが。それと、いまひとつ解せぬことは、内地に帰れるというのに防寒被服、靴の支給があったことだ。おそらく関東軍の被服の余剰を帰還の土産に配給したものと、実に軽々しく考えていたのだった。

公主嶺の出発は二十日を過ぎ、列車に各班分割積み込まれての北上だった。途中の駅々での停車にうんざりしながら、(先に進発した列車が、黒竜江の渡河の順番を待っているものと考えていた) 帰心矢のごとしのたとえは、列車の遅延にいら立ちさえ感じていたのだ。遅延しつつも列車は北上を続け、ついに黒河に到達した。

もう八月も終わりに近い日であった。満州での八月の末は、内地ではおそらく十一月の末の気温だろう。その寒気の粉雪まじりを冒しての渡河が実施された。対岸のブラゴエシチェンスクにてシベリヤ鉄道に乗り換え、北上を続け、東西の分岐点駅ペログロスに到着した。九月も十日ごろではなかったか。

ここペログロス駅こそ、我々の運命の分岐点でもあったのだ。ここから東に向かえば、ウラジオストックなど、懐かしい日本海に面した港々があり、この港より我々を待ち受ける日本船に乗船し、故郷に帰れると信じて疑わなかったのだ。しかし、万が一西進すれば果てしなき沃野と凍土のシベリヤの原野が横たわっていることも事実であった。

朝着いたまま列車は動かない。昼飯も夕飯も済ませた。軽い胸騒ぎが皆の心をよぎる。もしやという疑念が夜の暗さと相まって、高まってくる。当直勤務に班長が言及した。

「列車が発車したら、腕時計の方向指示器を確認し、東か、西か、大声で叫び、叩きおこせ」

と指示して眠りについた。

第二章

「オイッ！　起きろッ！」

「ドッチだッ！」

「西だァア！」

　全員、声なし。絶望感と虚脱感が全身を支配。我々のこれからの運命は？　強制労働、の文字が脳裏に浮かぶ。交戦国のドイツの捕虜に科せられた罰である。が、我々はロスキと対戦したわけではなく、不可侵の条約を一方的に破り、四方八方から侵攻し、略奪し、一発の弾丸を放たぬまま武装解除し、捕虜としたのでは。の理屈が通ることがないことはわかっていても、故国にもはや戻れぬのだ。絶望感が悔しさを倍加させるのだった。

　いったい、どこまで連れてゆかれ、どんな強制労働をしいられるのか？　果たして、その労働に耐えるだけの体力と気力は残っているのか？　皆、打ちひしがれる中に、恐怖を交えた思いであっただろう。

　諦観が私を支配していた。もし、宿命と解釈するならば、これを避けて通ることは不可である。もし神が、私に与え賜う試練でありとせば、これを甘受しなければならない。そして、信ずる神は、決して疎かにし賜うはずがない、とすべてお任せすることに決意した。

　ただ一つ気がかりなのは、私の存在が故国の両親、弟妹たちに知らされていないことだった。

開封での初年兵教育、集合教育の厳しい教育訓練の合間をぬって、一、二回手紙を出したのみで、彼らからの返事は全く受けていなかった。私も発信部隊名のみ「北支派遣」と記してあったから中国にいるもの、と解釈していたのではないか。まさか、こともあろうに、シベリヤの凍えつつある沃野を、ひたすら走り続けている、など思いもよらなかったろう。

消灯後に必ず実施している祈りの終わりに加え、彼らの健康、平安無事をひたすら祈念し、私はどんな事があっても、必ず帰還するという覚悟を新たにするのだった。

西へ西へと、貨車は休みながらもひた走る。口も聞けないほど落胆した顔、顔。飯上げの時に当番だけが仕方なしに腰を上げ、捕虜たちは支給されたものを、ただ口に運ぶだけの無気力さに支配されていた。

見渡す限り延々と続く白樺の深い森、梢はもう雪に覆われている。半日走ってやっと姿を見せる駅舎、開け閉めのドアからは雪まじりの風が暖房施設のない車内を、心をいっそう凍えさせる。このおぞましいシベリヤの名も知れぬ土地で朽ち果てるのか？　の思いが各自の脳裏を掠め去るのを否めなかった中で、私は「オレはまだ二十歳だ。若いのだ。生きて帰らなければならない責任がある。石にしがみついてでも、何年経ってでも必ず帰還する」の誓いを新たにしていた。

各自の思いを乗せたまま貨車は西進を続け、やがて大きい湖が望見された。透明度世界一のバイカル湖である。各自右手の窓から眺めたが、何の感慨も起こらなかった。イルクーツクは、湖畔の大駅とのことだがたいしたこともなく、停車しただけでまた西進を続け、ついにクラスノヤルスク駅に到着した。

ここで数日泊め置かれ、路線変更され（アチェンスク？か）南進し、ついに我々の部隊千五百名は『チェルナゴールスク』の駅に到著した。公主嶺を出発してから約二カ月にわたる抑留のための大移動であった。忌はしく、おぞましい抑留生活。思い出したくもないが、私の印象に強く残っている三例を披露しよう。

直訴

〝働かざるもの、食うべからず〟は共産党の基本方針であれば、もちろん捕虜たちにも例外は許せない（いや、むしろ捕虜だから酷使するのかも?）。手に職を持つ者は職業ごとに登録され、これはホンの一握りで、大半は屋外作業を強制された。

私も他の戦友たちと同様、その他大勢組の中の一人であった。作業は急の人員を配置さすための、その場限りのような水道穴掘り工事であった。ノルマは、二人掛かりで幅二メートル、長さ四メートル、深さ三メートルを割り当てられ、三日間完成で糧秣の支給が決定されていた。一日の終了間際にロスキの監督と助監督が計測に来て、甲、乙、丙の格差を付ける。そのトータルが毎日の糧となるとあっては、やらざるを得ないわけである。だが、すでに零下二十度の厳寒の中での穴掘り工事であっては、凍土と化した土はシャベルやツルハシなど受け付けない。それに支給の軍防寒被服は重く作業には不適当であった。といって、忌避は許されるわけはなく、作業場の途中で拾う枯れ枝や枯れ草など燃えるものを運び、火を付け、土を溶かして掘らなければならなかった。

三メートルの深さでは、衰えた体力では到底こなしきれず、上に放り投げても、大半は我が身にかかるありさま。なにか良き工夫はと考えだしたのが馬に餌をやるための、布の飼い馬桶を利用することだった。これに縄を付け、下で一人が満たし、一人が上で手繰ることで作業はかなり効果を上げるようになり、ノルマも向上した。

ここで翻って我が所属する第二中隊の様子を報らせる必要があると考えるのは、すでに終戦後半年以上は過ぎたというのに、まだいわゆる、軍人精神を固持し、階級意識は厳然として残り、他の中隊では中止された皇居遥拝、軍人勅諭の奉唱が作業開始前に実施されていたからだ。

軍隊では一日でも早く入った者が古兵と呼ばれ、下に新兵が入らなければいつまで経っても私のように新兵であった。その新兵たるや、作業開始前、終了後の使役に駆り出され、テコでも動かぬ古兵ども、やっと巡りくる日曜日にも、自分の洗濯の他に連中のも押しつけられる。恨みの目を向けつつも文句の一つもいえず、哀れな存在でしかなかった。

ノルマを達成するのは、我々兵隊たちのみであり、将校や下士官どもは作業に直接係わりなく、作業指導の名目でロスキの小屋で焚き火にあたりながら、たまに見回りに来るという実にけしからぬ行為を行っていた。

ノルマの率は序々にアップされ、従って達成率も低くなれば、与えられる糧秣は当然不足する。満たされぬ給食の中で、まだ将校食なるものが当番兵により作られていた事実。そして、私たちが現地招集のおっちゃんと呼んでいた、北支、満州での入隊で二十七、八から三十四、五歳の初年兵の彼らは、現地に残してきた妻子たちの安否を気づかいながらのこの重労働と、少ない給食に生き抜く力を失い、ろうそくの灯の燃えつきるように没くなっていった。

将校食が当然のように実施されているため、班内の班長、下士官の横暴さには目に余るものがあった。その頃は三食とも燕麦の雑炊であった（後に黒パンが朝飯用として支給されたが）。配給係の兵長が、班長、下士官の順に差し上げ、後の残りが純労務者である我々に分配されていた。

　こんな状態の中で、死亡者は毎月数を増していった。恐ろしい栄養失調である。全く「餓鬼道」そのものの悲惨さであった。腹に馴染まない食べ物で下痢をすることが私にもあったが、たった一食か二食を抜いて腹を干し、下痢を止めて元に戻ってから普通に食べればよいものを、そこは捕虜のいやしさ。ひもじさは、凍る道に落ちている牛馬の糞の固まりを馬鈴薯と間違え拾うほど。これほどあさましくなっている状態の中、どうして一回の断食ができようか。食わなければ明日の作業がを懸念する心が、断食までしてを拒否してしまうのだ。これは当人の意思決定しか方法はないのだ。

　下痢の止まらぬまま（トイレの回数も当然増え、心身ともに疲労困憊し）、数日経てば血便という最悪の状態にまで追い込まれ、医務室に回されても治療薬など皆無に等しい状況であれば、無介護を恨みつつも、まだ食えの執着を残しつつ、骨と皮の哀れな姿のまま、あの世とやらに旅立って行くのだった。

　シベリヤでの下痢は、即、死であると私は思い込んでいた。零下二十度から三十度の酷寒の中での屋外トイレでは、往復の頻度も致命的となることを知っていたからだ。作業から戻ったある晩、中隊内で死亡者が出た。私は、その埋葬使役に駆り出された。くたくたの身体での使役は辛かったが、指名された以上断るすべはなく、医務室に行くと、白木の棺が置いてあり、素裸の死体が、あたかも河岸のマグロのごとく置かれていた。

ロスキからの要請か、極度の衣料不足のためにか、剥奪された見るも哀れな姿を晒していた。この姿を見たとき激しい憤怒が身内をかきむしった。まばらに生えた無精髭、骨と皮ばかりの痩せ細った死体、明らかに栄養失調による死である。瞑黙しつつ、棺の蓋を閉じ、もう一人と共に馬ぞりに乗せ、二里ほど離れたロスキの墓地まで運び埋葬するわけだ。

雪吹き荒ぶ荒野を、馬ぞりの鈴の音が、リンリンとあたかも死者の昇天を送るがごとく、寂しく響いていた。小高い丘の上にある墓地は、鉄条網で周囲を巡らせており、その墓地の片隅に埋葬するのだ。ロスキの墓は、深い雪に埋もれながらも、十字架の墓石を小ぎれいに立ち並ばせていたが、すでに埋葬された戦友たちの墓には、柱の一本も立たず、ここまで埋めてあるという枠が僅かに見え、その次の場所が、この死者の墓場の位置であった。

コンクリートのごとき凍土を、所内から持ってきた木片に火をつけ解凍しながら、やっと棺の隠れるほど掘ったが、私は頬を伝わり流れる涙を拭うことができなかった。今宵、死去した彼にも、愛する妻子、父母、兄弟らがあっただろう。彼自身も、懐かしき故国、郷土を己が足でしっかり踏み、妻子を胸に抱いてから果てたかったろう。彼の肉親たちも、彼が名も知られざるシベリヤの片隅で素裸のまま、墓標も建たぬ墓地に埋められたと知ったならば、どんなに嘆き悲しむであろう。

戦闘中に戦死するならばまだしも、戦争が終了し、帰国を一日千秋の思いで待ちわびる家族らにしてみれば、諦めるにも諦めきれない思いであるだろう。それを思うと胸も張り裂ける思いが支配していた。

年齢も三十四、五歳くらいだったろうか。この年配は社会的にも洗練された年輪を示し、かっては会社で嘱望された中堅社員であっただろうし、父祖の代からの老舗の三代目若主人であったかもしれないのだ。

それがあの赤紙一枚で、恵まれた家庭の最愛なる家族とも離別し、個人の自由を完全に束縛した軍隊に強制的に入隊させられ、初年兵として、自分の弟か、息子ぐらいの奴らに叩きのめされ、酷使されたあげく、やっと終戦で解放されたと思ったのも束の間、なんと、思いもかけぬシベリヤの僻地での重労働。お粗末な給与と、まだ残る差別待遇に抗しきれず、心を最愛の家族の上にはせつつ、恨みを残し果てた彼に一体何の罪があっただろうか。

塚穴を掘って埋葬を済ませた私にもいつ、彼の運命が起きない保証は皆無であるのだ。悲しみの祈祷を捧げ、帰路に着いた馬ぞりの上で降り続く吹雪にも、今は何の寒さをも感ぜず、私自身何をかなさなければならない使命を痛感していた。

そのことがあってから数日、考えに考えた末、一人でも死者を減らし、故国帰還の歓喜を捕虜たち全員が分かちあうためには、各中隊でまだ行使されている階級組織をなくすこと、同一条件による公平な給与、休養、治療などが相まってこそ、この希望が完遂させられるのだ。将校、下士官、兵の序列を排除し、労働条件も各人平等とし、能率により決定されるノルマで給与を受けることが、この国の趣旨にも適合するわけである。

そのいわゆる、民主化と呼ばれるものの口火を切ることが、私に与えられた使命ではなかろうかと思考した。それをどんな方法で実施するのか、またどの方面に当たったら効果が上がるか、大いに思案した。

結論として、とにかく手始めは、中隊の各班に対する飯分配の曹長のピンハネ搾取から改善させるのが緊急にして、且つ最良な方法と勘案した。だが、その方法はいかに――重い重い重圧障害がのしかかってくるのだ。中隊付きの将校に話したところで、同じ穴のムジナのごとき存在であってみれば、自ら火中に栗を拾うがごとき被害が及ぶこと間違いなし。といってロスキ側に談じ込むことも考えられなくはなかったが、捕虜をここまでおとしめた奴らに、怨恨こそあれ、懇願などは恥辱としてできなかった。

そうだッ。突然、脳裏に浮かぶ〝直訴〟の文字。これがいい、これを最高責任者の部隊長に、密かに匿名で報知し、その裁断に委ねることが最高の方法であると判断した。匿名の〝直訴〟。これは密告に通じかねない。唾棄すべき、恥ずべき行為ではないか？　の反省が心を惑わせたが他にどんな手段がある、と自問自答し、思考してもここに落ち着いてしまう。

それよりも、直訴し、部隊長が取り上げれば良し、もしこんなものをと、副官にでも渡し、彼より二中隊の准尉にでも渡り、筆跡鑑定が実施されたならば立ちどころに、私のだと指名されてしまうのだ。

部隊長はY大佐であった。一・五メートルそこその背丈であったが、肥えた恰幅のよい身体に相応しい温顔は、祭りの達磨さまを連想させた。発する声も朗々とし春風のごとく、捕虜たちに帰国の希望を育ませていたし、なによりも清廉潔白さがその全身より滲みでていた。

私は、大佐宛に実情を示した一書を呈し、我々の苦痛を訴えようと決意した。この部隊長なら、何らかの手を打ってくれるに違いなしと確信した。後は実行に移すまで、慎重の上にも慎重を期さねばならなかった。

作業より戻り食事を済ませ、消灯後の皆の寝しづまるのを待ち、小暗い小灯の明かりを頼りに、雑記帳を破り鉛筆で原稿を少しずつ書き溜めた。誰にも絶対に発見されてはならないものだけに、作業に出かけるときは、必ず上着のポケットにしのばせ、五日目に完成させた。

「部隊長殿。突然無名のまま、書を差し上げる非礼お許し下さい。我々の所属する第二中隊の食糧分配の実態をご存じでしょうか。我々兵隊は、余りにひどい処置に、生き抜く希望も失われている実情であります。配給の上前をはねられた上の作業の苛酷さに、我々の多くは栄養失調にかかりつつあり、死を目前に控えている、といっても過言ではありません。部隊長殿、我々はどんな辛苦にも耐え抜き、故国の土を踏むまでは何としてでも、生き続けなければなりません。我々は作業を拒否するのでは毛頭ありません。作業に耐え抜くための、公平な給与を要求するものであります。何とぞ我々の苦しみを汲み取り賜り、何らかの処置を講じられるよう、切に、切に懇願いたします」

書き終わって私はほっとした。誰にも勘づかれたりはしなかった、という安堵感が重荷を肩から降ろしたような気持ちだった。書くには書いたが、いざ実行となると忌まわしい感情が、折角の決断を逆撫でするように湧き起こっていた。

この書を果たして部隊長が取り上げてくれるだろうか、一介の兵隊の世迷言とし一笑され、即時反故にされてしまうならばまだしも、副官にでも渡され、中隊長から准尉にと回覧されたならば、筆跡鑑定の結果立ちどころに、私であることが判明してしまう。そしてこの行為に対する処罰は。私は懊悩した。もしも発覚し、処罰が決定した場合、最低の処罰であっても、衰弱しきった私の体力では抗しきれず、死の宣告となることは必至であろう。それだけの覚悟があるのか、に悶々の日々が容赦なく過ぎた。

故郷で私の生存を確信しているであろう両親、弟妹らを放棄してまで、邁進する必要が本当にあるのかという思いも、私の苦悩を倍加させていた。だが、このまま座していても、状況は悪くはなれ、決して良くはならない。誰かが早急にやらねば、死者は増え続けるだろう。

ここまできた以上、もう引き返すことは不可能であり、やるのは、俺をおいて他にはない。もし、このシベリヤの片隅で朽ち果てようとも、この直訴によって大多数の捕虜たちが、この危難から解放されることができたなら、充分に満足すべきではないか。また私の遺志は、誰かが引き継ぎ成功させてくれるだろう。それが無に終わったとしても私自身、自ら考え、誰にもやり得なかった正しいことをやり、屍を曝すことがあったにしろ、悔いることがあろうか。故郷の両親たちも「みんなのためによくやってくれた」と褒めてくれるだろうし、私の信じる神も、決して見捨てたもうはずがない、いまやらずして誰がやる。

躊躇逡巡していた気持ちがふっ切れ、熱い血潮が、ふつふつと沸き上がってくるのを全身に感じた。後は実行に移す機会を待つばかりであった。

ロスキの監獄を、そのまま我々捕虜たちの住居としたこの収容所は、四方を六メートルの板塀で囲み、四隅には監視所が設けられ、自動小銃を持った兵が、厚いシューバーを着こみ監視していた。吹き荒ぶ吹雪の晩には、寒さを凌ぐためか、彼らのコーラスが、一層の寂寥感を醸しだしていた。

監獄は修理もせず、半地下式になっており、地上との連絡である階段はいつも雪で覆われていた。全部で十五棟に分かれ、部隊長室は各中隊の真ん中にあった。

入ると、西から、通訳当番室、副官、部隊長と各室に分かれ、間仕切りしてあり、その向かいの、かなりのスペースで談話室が設置され、談話室（将校らのくつろぎルーム）の壁にはロスキ＝共産党の発行する『日本字新聞』が毎週張り出され、飽きずに、ソ同盟の宣伝、米国占領政策の批判、日本内閣の悪口が掲載されていた。たまの休日にこれを読みに行っている私は、この棟の部屋割りを知悉していた。

その夜、作業終了後に降り出した雪は、風も伴い凄まじい吹雪と化していた。この猛吹雪での往来は皆無だろう。絶好のチャンスだ、こんな晩に新聞を読みに来る者は皆無だろう。今宵をおいて他の日はなし。こう決意した時、覚えず戦慄が全身を走り抜けた。

作業に疲れ切った戦友らは、死んだようになって眠りこけている。気づかれぬようにそっと部屋を抜け出た私は、便所に行くふりをして表の戸を開ける前、内ポケットに隠した手紙を上から押さえて確かめて外に飛び出す。

もの凄い吹雪。眼も開けていられぬほど、頬が刺すように痛み、鼻の先がジーンと痺れてくる。慌てて鼻マスクをかける。だが全身はカッと燃え、吐く息も苦しいほど。四隅の監視塔の淡い灯かげを避け、暗いほうに身を隠しながら、——何度も何度も深い雪に足を取られながらやっと部隊長の棟にたどり着く。

第一の扉を静かに開け、入りこむ。とたん、首筋に防寒帽の雪が。ぞくっとし、燃える気持ちを冷やし、慎重さを取り戻してくれる。談話室をそっと覗く。この吹雪と夜更けに新聞を読みに来る者はいない。部隊長室への仕切りの扉をそっと開け様子を窺う。熟唾に入っているらしくコソとも音はしない。

よしッ、大丈夫ダッ！　部隊長室の前まで進む。廊下の灯のみ小暗い室を照らしていた。震える手でボタンを外し取り出した手紙を、万感の思いを込め、扉の下に押し込む。次の瞬間、身を翻し音を立てずに、扉を開けるのももどかしく外に飛び出す。

誰かが大声で怒鳴ったような気がしたが、振り向きもせず走る、駈ける、走る。深い雪に何度か足を取られつつも、必死になって中隊まで辿り着き、扉を開けて踊り込む。だが、それでもと、もう一度扉を開け外に目を。追ってくるものは誰もいない。ほっとした安堵感が全身を包む。

戻った班内には寝息が安らかに聞こえるだけ。誰も目覚めてはいない。冷たくなった床にもぐり込み、毛布を頭までかぶる。ああー、と思わず出るため息。緊張感が一瞬にして安堵感に変わったが、体は火が点いたように燃えさかっている。全身の疲れが総身を支配していたが、頭だけは冴え々として眠れない。明日こそ、明日こそが私の運命が決定される。最後の審判が下される。ああ！　神よ。

いつとはなく眠ったらしく、どこかで「飯上っ」の声、はっとして目を覚ます。戸外に飛び出す。昨夜来の吹雪はすっかり止み、久しぶりの快晴の空に星がまたたいていた。

各中隊の煙突からは煙が上がり、飯上げの連中が、樽を担ぎながら週番に引率され炊事の方に歩いている。しばらくしたら給食を担いで戻ってくるだろう。曹長がまた今朝の役得を果たすべく飯べらを提げ突っ立っている。

部隊長棟に自然目が移る。扉は固く閉じたままだ。失敗か。駄目だったか。不吉な予感が全身を突き抜ける。あっ！　扉が開いた。はっとして視線を凝らす。箒を持ち階段を掃き始めた当番兵にがっかり。やがて樽を担ぎ飯上げの連中が戻ってきた。掃き終わっての扉はまた閉められたままだ。

だめだ。目先が真っ暗になる。絶望と脱力が全身を支配した。曹長が得意気になって飯べらを振っている。最後の望みをかけ、縋り付くつくように見る私の目に、扉が開かれ勢いよく出てくる姿を捉えた。

あっ！　副官だ。背高く痩せ型のダンディは誰でもなく副官だ。注ぐ目はわが中隊をめざし小走りに駈けてくるではないか。副官直々の到来。成功？　失敗？　思わず固唾を飲んで見守る。

飯分配が終わり、各自班内に運ぶ寸前、つかつかと曹長の前にやってきた副官。

「おいっ、曹長ちょっと待て、兵隊たち、まだ飯を班内に持ち込んではいかん。ここに全部置け。曹長この樽は何人分か。なに、二十名分、よし、一斑から各班、人員を言え。指揮班、おまえの所は何名かっ。何六名だ、六名でこの二十名の樽半分以上とは何事かっ。貴様、いままでも毎日こんな分配をしていたのかっ！」

青筋立てて怒鳴る副官に、一言半句の返事なく、ただうなだれ、じっと足元を見つめるのみの曹長。

「おいっ、兵隊たち、お前のところの飯分配は、毎朝これがやっているのか。そうか。毎日こんな分配をやっていたんだナ。曹長。貴様、下士官として、皆の労働で得た給与を公平に分配し、分ける責任がありながら、自分の班に数倍もの分配を長く続けているなどもってのほかだ。余分が出たら、兵に返すのが当然なのに、ピンはねするなどとはけしからぬ。兵隊たちの方が、貴様たちより余計働いているのだ！　後で部隊長室に来い。中隊長にはおれから連絡しておく。これから毎朝やってくるぞっ。変なことをすると承知せんぞ！」

何事が起こったかと、各班から続々出てくる兵隊たち。この情景を直視し、暗かった表情がいっぺんに吹っ飛び、心から拍手喝采を送っている様子が手にとるように見えていた。絶対的支配階級であると信じ込んでいた、六年兵の曹長が完膚なきままに吊し上げられ、弁解のしようもなく、うなだれている姿は、いままで搾取されていただけに、真に痛快の極みであった。抑圧された心の鬱憤が一ぺんに解放され、折から昇る陽に悦びに満ち溢れたような、顔、顔であった。

私は陽を背に立つ副官を後光のごとく、伏し拝みたい気持ちで凝視していた。張りつめた緊張が一度に弛み、涙が自然に潤んでくるのを覚えた。部隊長が手紙を読まれ副官に連絡。飯分配のタイミングを計り、調査に来たのだった。飯分配を終え、班内持ち込み寸前の処置であった。満足感が身内を支配した。自然に神の恵みを感謝する気持ちでいっぱいだった。神は、い賜うことを確信した。

班内に戻ったその時の様子は、この大ニュースで持ちきりであった。誰が副官に告げたとか、二中隊の作業成績と、死亡者が多い原因を調査して判明したとか。憶測で喧々囂々であったが、彼らから見れば溜飲の下がる思いであったろう。その話題に入りながら私は心から安堵した。

さすがにその朝から、班長も兵士たちも同量であり、いつもに比べ充分すぎる量であった。働いて得た給与を同じ条件の下、可もなく不可もなく公平に食する喜びを分け合うことに満足感があった。その日は、ここに来て初めてとも思える希望を見いだし作業に従事した。

この日を境に、数日を経たずして、各人のノルマによっての給与が、夜食にも適用され、将校食も完全に廃止された。彼ら自身、科せられたノルマによる給与が支給されることになった。私の念願だった、このラーゲルの民主化も「直訴」という強硬手段ではあったが、徐々に実現されて行った。

幇助（シベリヤ地方の人々）

とうとう、このラーゲルでの穴掘り作業も、二年目の冬を迎えることとなった。いつまで、こんな作業をし続けなければならないのか。だいたい掘った穴自体利用することがあるのかについては、首を傾げざるを得ない。

折角苦労して掘って計測し、それによってノルマが決定しても、後の処置が行われないため（水道管の埋め込みもされない）掘った箇所が雪に埋もれ、たまに照る太陽に溶けて崩れていくのを、ただ傍観するのみ。ロスキ側のずさんな施策を、呆れ果てた気持ちで見守るばかりの捕虜たちであった。

酷寒の季節がやっと開け、草の芽が雪解けの下から萌え出ずる頃になると、どこからともなく湧き出てくる「ダモエ」の噂である。帰国を一日千秋の思いで待ちわびる、我々の耳をくすぐりパッと広がり、まことしやかに取りざたされた。冬の到来の九月までを、くすぐり続け初雪の降る頃に跡形なく消滅していく幻滅を、まる二年味わっていた。そんな中にも、たまに僥倖なるものにぶつかる機会があったことを思いだした。

その日も作業に行くべく、ロスキの支給の防寒靴を履き、作業場に向かった。このフェルト性の防寒靴、日本軍のそれとは段違いで、軽いし、湿気も完全に防止してくれる。よく彼らにこんな技術があったものだと感心したが、極寒の地での労働が自然に生んだのではと首肯していた。だが、日本軍の防寒靴は、いわゆるドタ靴で、湿気が縫い目からしみこみ、足先が痺れ、かなり歩かねば取れぬ程だった。しかしこんな靴でも私自身、この靴のため思わぬ幸運を拾ったこともあった。

本格的作業の穴掘りが始まったある日、二月末の久しぶりに気持ちよく晴れ上がった朝。だが前夜からの積もった雪は固く凍り付き、凍てついた道は歩行に極めて危険な状態であった。十二分に注意しつつ歩いていたが、なにかに足を滑らせ、あっと思う暇もあらばこそ、ものの見事に転倒。頭部を強打し意識不明になってしまった。

何時間経ったろう。かすかに自分の名前を呼ぶ声、フラつく目を見据える。冬の淡い陽射しが、氷の張り付いた窓から鈍い光を投げかけていた。ずきずきする頭を抱えながら、何でこんな所に寝ているのだろうか、と思いながら再び眠ったらしい。

「おいっ、気分はどうか」の声に目覚め、声の方に重い頭を巡らす。

「あっ、そのままそのまま」の声、月一回健康診査に来てくれる衛生伍長であった。

「あっ、自分は一体いかがしたでありますか」

「なーに、氷で足を滑らせ、脳震盪を起こしたのだ。外傷がないから、すぐ治る。それまで休養だ、ゆっくり休め。明日、軍医殿の診察がある。ゆっくり休め」のご託宣。

こりゃ、ありがたい。棚からぼた餅とほくそ笑んだ。作業の給与と医務室のそれとでは、量は少ないものの質は全然相違する、と聞いているからである。その上の作業免除とあっては、捕虜になってから最高の処置ではないか。

よしっ。ねばるだけ粘ろう、と決意する。軍医が診察し仮にオーケーを出しても本人がまだ頭痛がする、といえば復帰は伸びる勘定。これだ、これがロスキ語のオーチン、ハラショーだと小躍りするのだった。

現実には十日間をねばりに粘ったが、ベッドが不足の理由で追い払われてしまった。しかし、たとえ十日間であっても、この捕虜生活において、最良とも思える日々を送る原因となった、このドタ靴に感謝すべきでは。とはいえ、これらは本当の幸運であり、この酷寒のシベリヤでは無用の長物、といっても過言ではあるまい。

それに比べ、このカートンキュウは大した代物で、フェルト地だから軽く、ほとんど縫い目なしだから、湿気の入り込む余地はない。持参の靴下を全て履ききってしまった捕虜たちは、足先にボロきれを巻いただけで結構寒さを感じさせなかった。よくもマァ、彼らの技術で作られた物だと感心し利用していた。

外では、作業に行くため集合している捕虜たちが、三々五々恐ろしい寒気に耐えるためと、今朝も始まる、激しい作業のエネルギー消耗にしては、最小の食糧を取ってきたばかりの、けだるい物腰で足踏みを繰り返していた。

私もその仲間に入りながら、第三工場行きの連中の方を羨ましげに眺めていた。働かざる者、喰うべからず。の鉄則は作業する者全部にノルマを強要し、各人のノルマにより、収容所自体の収支が決定し、それにより我々の給与も支給されていた。

作業は、一般と特業に大別されており、一般作業には水道穴掘り、農場、貨車積み下ろし、雑役など分隊以上の人数を必要とし、それだけにノルマも限定された。従って毎日の給与も知れたもので、いつも腹を減らしガツガツする状態だった。それに比べ特業と称する連中は、一般の作業員に比べ羨望の的であった。

各種機械技術者、鍛冶、鋳物、大工、鉄道関係者、洋裁工などは、この地方のお粗末な技術者には正に驚異的に見えるらしい。彼らは名目だけの各職場の監督（ナチャニック）を通じ、数々の恩典に浴していた。その他大勢組は、農、魚、サラリーマンたち。手に職を持たない連中は、主として屋外の作業を強要され、いくら働いても最高六十から七十パーセントのノルマを達成できるのは、一週間のうち一日か二日がやっと。後は五十から六十パーセントであったから、その他大勢組の我々は常に飢え、さもしくなっていた。

これに反し、特業の連中の作業はお手のものであり、造る物も幼稚であれば、彼らの頭数も少ないことも比例して、ナチャニック自身のノルマも向上。その恩恵が彼らにも及び、ノルマ百パーセントを常に稼ぎ出し、捕虜生活で最大の憧れである食生活には事欠かぬ。その上、監督の作業能率向上に伴う報奨として支給される、タバコ、石鹸、タオルなどおこぼれに預かるのをどんなに羨望の思いで見たことか。私もその中の一人として、この矛盾に腹を立てながらも、この特典に便乗することができればと、そのチャンスが来るのを辛抱強く待ち続けていた。

一月も末のある日、作業場から戻り、今宵も夜食の少なさを嘆きつつ済ませ、就寝前の一服をしていた。小食ならば、かえって故郷の自慢料理に花が咲き、何十回繰り返して聞いたか。耳にタコができる話を、また飽きずに聞く羽目になっていた。だが、これは故国の両親との絆の確認と、経ちがたい愛情の交換であり、必ず帰り着く日までの希望の確認でもあったわけだ。

話が続いている最中、回報が届いた。また明日の作業割り当てかと開いてみると、割り当てが終わった後に、ディーゼルエンジン特業者募集の文字が目に飛び込んだ。

オオッ！、夢ではないか。待ってたほい、口を衝く歓声を押さえるのに苦労する。募集人員は三名である。遅くなって、スカを喰ってはと班長に直ちに申し出る。お前経験があるのかい、の疑わしき声に普通に頷く（なにを隠そう、卒業し就職したのが上陸用船艇のディーゼルエンジン制作工場だった。だが、工業卒ではなかったので製造には関係がないのだが、倉庫管理事務であったためオール部品名は覚えており、試験室が倉庫の隣にあったためしばしば見学に訪れ、仕組みも解っていた。それに私以外の二名がエキスパートなら、私一人ぐらい彼らの補助員として使ってくれればよい、と簡単に考え応募したわけだ）。

第三工場（カントラ）にいよいよ勤務の朝が来た。工場行きのグループの中にいながら、我が指導者でありエキスパートとなる人を待っていると、見かけた顔が笑みを浮かべながら私に近づいてくる。なんと第三中隊で私より半年先輩の延岡泰三ではないか。彼とは中隊は違っても、作業で顔を合わせ声を掛け合っている仲である。

彼が側により、

「ディーゼル志願か」と話しかける。

「そうですが、泰さんもその一人ですか？　確か実家は造り酒屋と聞いていたが」

「ナーニ、あんたはいるし、もう一人、あの軍曹もそうでは？」と私の後ろを振り向く。すると、確かに軍曹がつかつかと私たちの方に寄ってきて、

「野村です、ご厄介になります」と、挨拶される。いやぁ、軍曹殿、こちらこそ是非よろしくご指導下さい。大仰に手を振り、

「私は漁師です。焼き玉エンジンの扱いくらいは知っていますが、ディーゼルなど、とんでも

ない」に唖然。何のことはない、三人が三人とも他人を頼って応募したというわけだ。乗りかかった船、三人寄れば文殊の知恵で、結局多少心得のある私が責任者にされてしまった。

収容所からトラックで二十分の第三カントラまでは吹雪の中、凍えそうになりながらたどり着く。工場に足を踏み入れた途端、囂々と唸るモーター、旋盤から上がる湯煙、走るクレーンに吊り下げられた鉄板。熱気は隅に設置された火作り場からのものか、寒さなど瞬時に吹き飛んでしまう。活気に満ち溢れ、働く労働者の群れ。こんな世界が残されていて、今からその一人として仲間にはいるのだ、の興奮と感激がわき起こってくる。

大規模工場の第三カントラはメインの制作工場の他に、約一キロ離れたところに炭坑が掘られ、かなりの規模の貯炭場がある。これを燃料としてコークス製造、鍛造、鋳物工場とボイラー室があり、被服場と、炊事場食堂が別棟としてあった。木材工場も貯炭場より五十メートル離れたところに木材を積み重ねていた。

鍛造場のナチャニック（監督）が、彼より二〜三歳若い三十歳くらいの、背の高いひどく鷲鼻の、でもまあハンサムなのを従え「ブロガジル（助監督）のチェボルニコフだ。彼がディーゼルの責任者だ。彼の指示に従うように」といって帰ってしまう。

残った彼に名前を端折って、アマ、タイ、ノムと告げる。彼は私らに「サルダート、ハラシヨー、ラボーターを期待する。実はディーゼルのことなど無知に等しいからよろしく」とゼスチャーを交えて依頼してきた。なんと四人が四人とも他人頼みではないか。といって折角まちに待った棚ボタのチャンスを、なんでこちらから返上してなるものか。三人に目配せをし、私が胸を叩き、大きく頷いて見せた。

さて肝心のディーゼルはどこにある、に「外に放置されている」と吐かす。零下二十度の寒さの中、戸外放置とはなんて事だ。置ける場所はカントラ内にはないのか。「外ではエンジンが凍り付き、作動しなくなり、大体外で我々を使い、その中でアンタが監督するのか？　それはニハラショーだ。」すぐに「ナチャヤニックに相談してくる」と行く始末。こんなのに使われて大丈夫か、と危惧しながらもまさか外での作業はしないと思っていた。

「監督が表扉の開いた場所で解体組立をしろ」、の許可が出たとチェボが帰ってきた。「この百馬力はあろうディーゼルを一体どうやってカントラの中に運搬するのか？　タッタ四人で入れるのか」、に「そうだ」という。「冗談じゃない、この重い物が運べるわけがない」、に「心配するな、お前たちは製材場から丸太を五、六本運んでくれ」。下に敷くゴロとわかって取りに向かう。縄に丸太を各自二本ずつ乗せ引っ張って来る。

するとディーゼルの所で五、六人が話をしていた。チェボが、「ここに丸太をおいていけ。この連中は俺の元の仲間たちで、ロープも持ってきたのでこれを掛け、始めはみんなで持ち上げ、上がったところで丸太を入れ、総掛かりで引く。丸太を入れる係りは、アマ、お前がやれ」、で取りかかる。大骨を折ったが、さすがロスキの力のあること。ロープを引っ張る力も強く、捕虜の手を借りる必要もないくらい。

「スパシーバ」と手を貸してくれた連中にお礼をいいつつ氷の溶けるのを待つ間、「プロジカル、この仕事ノルマはどのくらいか」を尋ねる。甲の支給は無理でも、乙をもらわないことには特業志願の甲斐はないというもの。彼は「仕事ぶりにもよるが、ナチャニックに話して乙は確保しようじゃないか」。「オーチン、ハラショー」が三人の口から一斉に出た。「ただし、オレのノルマもお前たちの仕事ぶりにかかっていることを忘れないように」、とウインクされてしまう。

解凍はオール溶けるのに二日かかったが、溶けないうちに、外での様子と違った態度のチェボの奴。ナチャニックの見回りもあるのか、ディーゼルの溶けている箇所のナットを外し、ボルトを抜いているのを横目で見ながら「ベストラ、ベストラ」とか「イジ、イジ」とか（早くヤレ、ぐずぐずスルナ）とか言い、ハッパをかける始末。

それでもこの第三工場の活気の漲るさま、勤労の意欲が自然に満ち溢れているこの職場を私たち一般屋外作業に従事した者がどんなにか憧れただろうか。まさに垂涎の職場と称しても過言ではなっかたとの感慨が、現にこうして個々で仕事をしてひしひしと感じ、何がなんでも絶対に離さないと覚悟をあらたにするのだった。

音を立てて燃えさかる炉、シャツ一枚の作業員、これではノルマも上がるわけ。軍隊の演習や勤務とさして変わることがないからだ。この活気に満ちる工場製作に比し、我々の解体作業はチェボのハッパにも拘わらず地道な作業だけに、数日を経た朝作業に掛かる前、彼から監督からの指令で一人不要をいい渡された、という。

活気ある工場内のそれと比較しても解体作業は監督の目にも劣ると映るのか、作業の内容を余りにも知らなさすぎるし、それを表面だって説得しなければならないはずの助監督の彼が知識がないのでは、指令を丸飲みしなければならないのか。給与は工場勤務の最低保障だが、寒さだけはしのげることは最大の幸福といわなければならないからだ。それがチェボの一言で、天国から地獄に堕ちてしまうことになるとは、もう他人様のことをかまっている余裕などなく、彼の方を必死の目で見据えていた。

「軍曹。お前、明日から要らない」と野村のノムが指名される。一瞬、蒼白になった軍曹。しばらくしてから私たちに「仕方がないわ。後はうまくやれよ」といわれたが、明日よりまたつらい一般作業に従事する彼を思うと、年輩ではあるし、慰めの言葉も湧かず「すまんです」と頭を下げるのみだった。

しばらく通っているうちに監督のチェボとも仲良しになった。私たちより四、五歳ぐらい年上の兄貴ぐらいの彼だった。泰三が彼のことを「あいつの鼻はなんともドデカイ。鼻のでかい奴は、あそこも巨大だというからチェボルニコフさんなどとしかつめらしく呼ぶのは止め、いっそチンボッコと呼ぼうや。それでたくさんだ」には腹を抱えてしまう。

背は高く、なかなかスマートだった（ただし、顔だけで身につけているものは実にお粗末だった）。泰三のいうとおり、顔の面積の半分ぐらいは占めようかの鼻は偉大であった。よくいえばギリシャ彫刻に見られる気品のある鼻のようであり、悪くいえば、ロスキの垂れ鼻が少し長くなった感じだった。昼の休みの一服に彼を交えてよく話をした（といったところでロスキ語が満足にできるわけはない。そこは万国共通の手振り、足真似で結構会話ができた）。彼の話はなかなか大した代物で、ある事件が彼の身に災いし花のモスコーからこのシベリヤの果てに追放されるという、語るは涙、聞くは眉唾の物語であった。

「こう見えても、俺は由緒ある家柄の生まれだ」と例の鼻を動かしながらいう。

「おお、ハラショー。どんな家柄だい」とけしかける泰三。「うん、オレの親父がスターリン総統の近衛兵のキャピターン（隊長）だったんだ」といともまじめな顔をしていうのには恐れ入けしかける。

「その御曹司がなんでこんなシベリヤの端っこでラボート（作業）するとはどういうわけ」とる。泰三が、

「いや、全くひどいことになったもんだょ。そう、もう四年前になるかなー。年明けの寒い日だった。俺はモスコーの両親の家から通学していたんだ」とジェスチャーたっぷりに話してくれたのだが、語るは涙、聞くは笑いを堪えるのがヤットの物語であった。

男前を自称する彼に相応しい良家のガールフレンドに恵まれ、デートの回数も増えつつあったが、秋から冬への期間が短く十月には吹雪が荒れ狂う。あっというまに零下十度を割る寒冷に、外でのデートもままならず、やむを得ず、喫茶店、バー、ホテルなどを利用する。どこに行っても付いて回る寒さを凌ぐためには、男性はやはり一杯をきこし召さなければ身体が持たぬので、自然火酒と呼ばれるウォッカを常飲。厳寒に耐える習慣が身に付いている、と憶測されるのは、彼らロスキの鼻がほとんど朱に近い色をしているのをみてもわかる事実では、と私自身は思ってはいるのだが。

その日は特に冷えが厳しく、従ってハシゴを重ねるうちに、飲む量も多くなる。へべれけに酔っぱらった彼が彼女に介抱され、店を出たがとたんに襲いかかる寒さに、一瞬酔いが覚め正

気に戻ったと錯覚した彼。彼女をエスコートし、彼女宅まで送ると言い張り、マイカーで送って行ったのが運の尽き。スピードの出し過ぎで凍る道をスリップ、街灯に衝突。彼女は右足骨折。首にも重傷をおい、救急車で運ばれるというのに、彼は怪我もせずハンドルに頚をもたれイビキをかいていたところを逮捕されるという始末。

重過失傷害罪、及び飲酒運転で通常裁判ならば、十年以下の懲役刑が科せられるところ。そこはキャピタンの親父の七光。かろうじて懲役刑は免れたが、「ここでの三年間の就労をいい渡され、重傷の彼女の看病もできず、この第三カントラで労働に就いてはいるが、それも残すところあと一年半。いまは心機一転、社会復帰を目指し、このチェルナゴールスクの街のために奉仕し、花のモスコーに戻れる日を待つんだ」

といとも殊勝なことをいうのだから、さてはキャピタンの息子は、ホンマモノかな、としげしげ顔を見つめる。そういわれてみれば、エラの張った高い鼻梁の辺りの気品めいたものも漂ってくるのも不思議だ。そんな気にさせておいてのすぐの質問が「おいっ！　サルダート、お前の国では汽車は走っているのか」とか「チパングはチャイナの一部なのか」など、とても大学に行っていたとは思われぬことを、まじめ腐った顔でいうのだから、泰三に「チンボッコ！ヒートリムノーガ＝大嘘吐き」とこき下ろされてしまう。

我々だけでなく、鍛造場の監督以下行員たちも彼のことをチェボルニコフとは呼ばず、同様にチンボッコと呼び、彼自身も「おいよ」とか「プチム＝なーんだい」とか返事するのには腹を抱えてしまう。

そんなたわいもない話をしながらも、ディーゼル解体の方もスムーズに進み、クランク室の解体まで済んだある朝。工場に行き、彼が来るのを待っていたが、作業開始になっても姿が見えず、さては風邪でも引き、今日はアデハイ＝休みか。と仕事をしていると、監督が来て、「おい、サルダート、チンボッコはお手手が後ろに回り、警察の取り調べを受けている」というではないか。びっくりして、

「えっ、一体どうしたんだ。なにかやったのか。それで、この仕事はどうなるんだ」と心配しながら聞く。

「最近工具類がちょいちょいなくなるんだ。注意して監視していると、昨日、作業後に彼がズボンのポケットにスパナを隠して持ち出すのを押さえサツに引き渡した、というわけ。よってこの仕事も今日で終わり。明日からは元の仕事に戻るわけ」とのご託宣。

冗談じゃない、折角の憧れの特業も一カ月足らずで終わりなどとはあまりに情けない。ここは強引にでもナチャニックに食らいつき、この仕事を続けさせるか、他の新しい仕事を探させ

る、しかないと。

「そりゃ、あんまりだ、ナチャニック、俺たちが悪いことをしたのなら仕方がないが、俺たちは頑張ってある程度のノルマを果たしているのは周知の事実のはず。それを助監督の罪のために仕事を外されるなんて、あんまりだ。どうしてもディーゼルの仕事が駄目ならば、代わりに工場の仕事を探して欲しい」と頭を下げて、泰三ともども頼み込む。

「それもそうだナ。せっかく顔馴染みにもなったことだし、仕事もマァマァだったからナ。ちょっと待っていろ」と鍛造場の方に戻る。ヤレヤレ何とか首が繋がったと待つ。しばらくすると戻ってきて、

「相談したが、どうだ、ウーガリーを石炭置き場から鍛造場に運ぶ仕事があるがやるか」に、そのノルマを尋ねる。法外なものならば拒否と、その給与も聞かねば、承知できないからだ。

「そうだナ。どうだ午前、午後とも八台ずつ、給与は乙では」に給与は納得しても、八台ずつは過重ではないか、と返事を渋っていると、泰三が「オーチン、ハラショー。スパシーバ」と最高のお礼をいってしまう。しかたなしに念を押す意味で、もしノルマが完了したならば、余った時間はアデハイ＝休憩をしていてもいいか、にそれはかまわない仕事に支障がない限り火にあたっていてもいいからやってくれで、とうとう特業から、石炭運びの肉体労働に落ちてし

まった。それにしても仲間以上のチェボルニコフが、なぜ大それた万引きなどしたのかどうしても納得が行かない。あと一年半で彼のいう花のモスコーに戻れるというのに。

泰三が、「ほらッ、彼と親しいのに昼休みにでも聞いてみようや」に、「そうしようや」、という。「そうだな、とにかくどういう事情があってこんな途方もない事態になってしまったか、尋ねないと寝覚めが悪いからな」。と昼休みを利用して聞いてみることにしたが、それよりも石炭運びを先にやらねばならない。垣間みて多少は知っていたのだが、このターチカと呼ばれる運搬車のお粗末なこと。三角の形をした箱に二本の梶棒が取り付けられ、一輪車が地面に触れる部分に付き、箱の先端部に紐が一重で結ばれ、一人がこれを引き、一人が梶棒を操る。そう、四、五十キロは積み込んで運ぶ実に幼稚な代物である。

実際にやってみると、チョットやソットで扱いできるものではないことを身にしみて感じさせられる。引く方はまだしも、梶棒を握り操作する方の苦労は並大抵ではない。満載しての石炭を凍りついた凸凹のある道をバランスを取りながら前進するのには、かなりの熟練を要求される。こわごわスローで泰三に声を掛けながら、第一回は無事に終了した。彼と話し合い、とにかくこの積み方ではウエイトが多すぎる。半分より少し多めでやらなければ、もし転倒し、ばらばら撒いてしまったら、それこそ面倒だ。なあに鍛造場では、回数だけ行った都度声を掛ければいいさ。と相談はすぐに一致する。

とはいうものの三、四十キロでも転倒する危険が去ったわけではない。そこで梶棒の下に支え棒を二本付け、滑りそうになったら、すぐ下に降ろし支えることで転倒を防止することが可能になった。これでなんとか午前午後とも八台ずつのノルマが達成される可能性が出てきた。

運搬も軌道に乗ってきたので、二人の心に掛かっていた、チンボッコことチェボルニコフの様子を尋ねようと昼休み彼と仲の良かった工員を呼び出し、万引きをしなければならなかった理由、係累はいるのか、刑期はどのくらいか。それについての彼の両親の補助はなどを質問する。

おお！　チェボルニコフ。「彼は、手に職を持たない一介の大学中退者で、それも保護観察人、当然給与も低かったし、ワイフと子供一人を養って行かなければならず、悪いとは知りつつ工具類を万引きしてしまったのだ」。「しかし、工具など万引きしてもそれを買ってくれるところなどあるのかい」。「いや売るのではなく、自動車や、自転車などの故障を休みの時に修理するためにくすねたのがバレたのだ。大した罪にはならないだろうが、いま保護観察中の身だけに二、三年は覚悟しなければならないだろうな」。「その間、奥方や子供はどうするんだ。ウン、彼らは、両親のいるウクライナに身を寄せ、彼の放免を待つとのことだ」。「では彼の両親は今度のことに対して何もしないのか」。「二度目では不肖の息子と諦めているのでは」。「でも彼の父親はスターリンの近衛兵のキャピタンではないのか」。「何をいっているんだ、その話をホンマもんに聞いていたのかい。彼は確かにモスコーにいることはいたが親父はサラリーマンで、近々退職するらしいということだ」に、唖然とするが、私たちにとっては彼は、話に多少ヒイトリ＝嘘つきなところはあっても、我々捕虜たちを短期間であったにしろ、分け隔てなく、仲間とし同僚として付き合ってくれた。チェボルニコフよ。刑期を短くして、あんたを待つ家族のもとに一日も早く帰れる日の近からんことを祈りつつ、あの大きな鼻の彼に、心からドスビィダーニャ、チェボルニコフよ、二度と会うことはあるまいだけに深い感謝を捧げ、居合わせぬ彼にお別れをする。

ところで、運搬の途中、置き場と工場の近い側に、全工員の昼食を支給する食堂があり、この近くを昼前に通るとき、スープ（ヌガー）の実に旨そうな匂いが漂い、我々の腹の虫を騒がせ、よだれが自然に湧き出るのを押さえるのに苦労し、たった一度でいいからその恩恵にあやかりたいと思っていた。その願いを神もきこし召したまえるか、千載一遇の機会が訪れようとは夢にだにしなかった。

三月の声を聞いても、まだまだ寒冷は去らず、その朝も特にザミヨロス、ムノーガ＝極寒の朝二度目の運搬の途中だった。作業も日を追うごとに熟練し（積載量もあったが）午後の部の一台ぐらいは余計に運搬も可能になっていた。

ターチカを引っ張って来ると、厚い襟巻で顔を覆った女性が馬槽を担っていたが、凍える道に足を滑らせたか、転倒し馬槽に入れた石炭をばら撒いてしまった。見捨てても置けず駆け寄り、助け起こす。まだうら若きマダムだ。

「怪我はなかったですか」

「足を少し捻挫したらしいが、立てるから心配はない」に、

「エッ、マダムが石炭運びとは、初めて見かけるものなので、マダム、ウーガリは炊事場に運ぶのか」と聞く。

「そう、昨夜忙しくて運べなかったので、今朝運んでいるのよ」

「そうですか、石炭運びもノルマに入っているのですか」

「もちろんそうよ、工場の途中ですから」マダムは答えた。

見かねて、

「その馬槽をこのターチカに乗せて運んで行きますので、ゆっくり来られたらいいですよ」というと、

「スパシーバ、よろしくお願い」安堵の顔を見せた。

散らばった石炭を馬槽に入れ、ターチカに乗せ、途中の炊事場の貯炭場まで運び降ろしていると、炊事場のドアが開き、一見してこの炊事場の責任者らしいマダムが顔を見せ、

「サルダート、これはどうしたわけ、マリーナはどうかしたの」

「マダムは運搬中転倒し、足を少し捻挫したので代わりに運搬していたのです」に、そう、それはたいへんご苦労様でしたネ。と通じないところはジェスチャーで話しているところにマリーナが戻り、詳しくマダムに話をしていた。聞き終わってから、やおら私たちに相談するように、

「サルダート、お前たちの運搬のノルマのうちから、こっちに回してくれる余地はないだろうか。もちろん、そのお礼として昼にはヌガーを飯ごういっぱい支給してあげられるし、帰りに寄れば野菜なども雑のうに入るだけ入れていいから」

いとも簡単ないい様に、唖然として泰三と顔を見合わせ「オーチン、ハラショー！　スパシーバ」を繰り返すのみ。天から降ったか、地から湧いて出たか、この幸運！　夢ではないかとしばし言葉もなし。ややあって、「マダム、そして何台運んだらよろしいでしょう」に、「このターチカだったら、午前と午後一台ずつでいいんじゃない」

「エッ、そんなものでいいんですか?」「もし不足するなら追加してもらうこととし、当分はそれで様子を見よう」、ということで話がまとまる。すぐにいま積んだのを降ろし、工場分を運搬に出かける。積み終わり、泰三ともこの思いもよらぬ幸運を喜び分かち合う。香りだけでもヨダレの出そうなスープをなんと飯ごうにいっぱいも頂戴できるなんて。帰りには野菜を雑のうに満たし、その代償がターチカ二台の石炭運搬で済むとは、有り難くて涙が出るくらいだ。

頑張って午前中の工場ノルマを済ませ、携行食を慌ただしく食べ、工員の昼飯が終わり、引き上げを見てからおずおず炊事の裏口に、マリーナがすぐに顔を見せ「早く、早く」とさし出す飯ごうを奪い取るように取り上げ、入ったと思う間もなく二つぶら下げて渡し「イジイジ＝直ぐ行け」とドアを閉めてしまう。

どうだ、この香り、このコク。油で汁じたいがギロギロしている。人気のない石炭置き場の石炭の上に板を敷き、二人で座り早速頂く。想像以上のこのうまさ! 喉を鳴らし、あつあつの汁を息を吹きかけながら吸い込む。ウマイ、ゼッピンだとしかいい様がない。

あっ、これはナンダ。横たわる物をスプーンでかき出す。こっ、これはガラではないか! 羊か、豚か、鶏か、は知らないがこれはまがいない肉の付着した骨だ。肉片の付着した骨など内地でもほとんど食べたことはなく、入隊後からこの捕虜生活でもお目にかかったことのない代物が、いま我が口の中で味わうことができるなんて。

久しぶりの満腹感、それも最高の味と共に。それが休日を除き毎日頂けるなんて！　午後の分は九台になるのもへっちゃら。満腹感は仕事にも励みが出て最後を炊事場で完了。

ドアを叩くと、マリーナと共にマダムが現れ「ご苦労様、これを持って行きなさい」と、馬鈴薯、ニンジン、タマネギ、キャベツの葉などを箱に入れて下さる。「スパシーバ」を口々にいいつつ頭を下げる。「直ぐに雑のうに入れ持って行きなさい」とドアの中に入ってしまわれる。他の目を避けられたためだろうと、我々もすぐに帰路のトラック乗り場の方に。

満杯の野菜に、部屋の仲間たちは大騒ぎ。これを分けて食べてもいいのか、どうしたら皆に平均に……など口喧しい。夜のヌガーに混ぜ、塩をもらい味を付け、みんな平均して分けて食べればいい、ということでその夜は仲間たちは捕虜になって初めての野菜のたっぷり入ったヌガーを食べ、久しぶりの満腹感を充実感を感じていたのでは……。

食べ終えてから、この訳けありのお恵みを執拗に尋ねるのがいるのには往生する。なんで頂けるお恵みを軽々しくいえるであろう。もし洩れることがあって、お恵みの主に迷惑が掛り、パーになったらそれこそ一大事。今後の恩恵が元の木阿弥になったら、私はもちろん、あなた方にも影響を受けるから絶対口にするわけにいかない。と断固突っぱねる。

それからの作業に力の入ること。二台余分の運搬は確かに超過勤務だったが、それを補ってあまるスープが待っており、作業終えの雑のうにはいつもいっぱいの野菜。班内の連中の腹を満たしていることで、感謝の気持ちが多少ともこの新兵の私にも及び、班内のギスギスした気持ちが消え、和やかな穏やかな空気に変わってきたのも、衣食足りて礼節を知るの人間本来の理に適いつつあるといえることだろうか。

いつのまにか巨大な積雪の塊も解けだし、川床にわずかずつせせらぎの音を聞き出したのは三年目の春であった。もう丸二年経過してしまったんだ！　雪どけとともにどこからともなく起こってくる「ダモエ」の噂は、短い春夏の終わるとともに消滅し、跡形も残らずの虚しさだった。今年こそは必ず佳き報せがあるのではないか。との希望を保たせたのは、つい半年前までは人間の最大の欲である食が欠乏しており、あさましい話、空腹に耐えかねて、収容所の炊事場のバラの刺線で厳重にガードしてある近所まで行き、口に入れる物が落ちていないかと数回は覗きに行き、同じ気持ちの連中に出くわし、あわてて引きかえしたこともあったからだ。

それがいまは自分だけではなく、班全体が一応ひもじい思いをすることなく、各自作業に専念し、ノルマを達成していることが、今年こそ期待したものが必ず起こるのではないかとの私の信念にも繋がっていた、といってもいいだろう。

その日も第一番目の運搬を炊事場に運ぶべく貯炭場の手前まで来た時、炊事の扉が開けられたと思う間もなく、慌ただしくマリーナが飛び出して、手を振りつつ「イジイジ、ダワイ＝ぐずぐずするな、早く退け」と、すぐにドアの中に消えてしまう。

急きょ方向変換し、工場に向かう。降ろしてから顔を見合わせ、なんだろう。突然異変が起こったんだ。とにかく今日は炊事場は遠慮した方がいいぞ。と最近は工場の運搬が間引きされ、炊事場側の回数が増え、ナチャニックよりたびたび文句をいわれていた（ノルマなんて、へっちゃらさ、こっちは……）。思い上がった気持ちを持っていたのも事実であった。

とにかく昼までは八台プラス一台を仕上げた。昼になりヌガーを食べ、あたりを窺いながら炊事場の様子を見にソッと身体を寄せる。待ってたようにドアが開き、マダムがすがたを現す。心配顔の我々に、笑顔を見せながら「心配させたようだったが、年に二回あるKGBの検査だから、気を遣う必要はない。ウーガリもいつものように運んでくれていいのよ」といわれる。

そういえば朝、作業前空き車を引っ張って行く途中で出会ったあのカピタン達が、検査に来た泣く子も黙るロスキ秘密警察機構の一行か。と泰三と顔を見つめあい、難を逃れてよかったと胸をなで下ろした。

ちょうどよかったわ、とマダムが私たちを見ながら「サルダート、さぞびっくりするかもしれないが、いよいよおまえたちのダモエが決まったらしいよ」に仰天する。「ダモエ」、この言葉の持つ測りしれない意味。この言葉を待望しながら聞かずにどれだけ多くの戦友たちがこの酷寒の地で虚しく果てたことだろうか。

この言葉の魔力は、毎年春の兆しとともに顕れ、初雪の到来とともに消滅するここ収容所内だけのものでしかなかった。いまこの耳で、一民間の炊事の責任者からはっきり「ダモエ」の言葉を！

「マダム、確かにダモエといわれましたね。間違いなく事実でしょうか？」大きく頷くマダム。「そういう噂もあるにはあったが、今日検査に来たKGBがはっきり言明したからおそらく間違いないだろう。サルダートもいよいよ故郷の土を近いうちに踏むことになるだろう。大変だったがこれで希望も湧いてくるだろうね」、と顔を凝視しつつしみじみいわれる。

自然に自らママの手をしっかり握り「スパシーバ」を繰り返せば涙が二人の頬を伝い滴り落ちる。ママも二人の肩を励ますごとく、労るごとく叩き撫でる。「でもそれまではラボートをしてくれないとダメよ」、に何度も何度も頷く。マダム言及のごとく、それから二十日後に帰還の命令が下り、順次このチェルナゴールスカヤの街を後にして、帰心矢のごとく、シベリヤ鉄道を反対に東進して復員港ナオトカに到着した。

いまこのエピソートを閉じるにあたり、胸をよぎる感懐は、確かに少しでも習い覚えた能力があり、そのチャンスを鵜の目鷹の目で怠りなく窺っていれば必ず訪れる、ということを確信した。

そして、同じ人間であれば、使う側、使われる側の区別はあったにしろ、毎日顔を合わすなら、自然に仲間意識が顕れ、そこでは人種差別や肌の色などほとんど関係がない、ということ。

それにもまして、シベリヤの民間人には、酷寒の地がそうさせたのか、情が非常に深いということを発見できたことが、死線を彷徨した経験からして、人の愛を、もしくは慰めを、痛切に欲しいと感じていただけに、チェボルニコフに、また炊事のマダムに見出したかもしれないといま切実に思うのである。

影の月下氷人

「おおきいにいちゃん　おけんきですか　こちらはみんなかかわりないから　あんしてくださいきんむはたいへんとおもいますか　かんはつてくたさいね」

これがシベリヤでの二年目の冬を迎えて、故郷から父や弟妹たちのとは別に封筒の底から出てきた母の手紙である。父のは弟妹たちのと同じ便箋に書かれていたが、母のは単独であり、息子を思う切なさが、検閲で削られる怖れもあってか、短いだけに胸を抉られる。ほとんど学校にも行けなかった環境だけに、濁点も半濁点もない書きっぱなしの、生まれて初めて読む母からの便りであった。

総領である私の無事を祈る必死な気持ちが文面を通じ漂い、瞼を熱くさせた。こちらは、かの艦砲射撃をくらい被害がかなりあった、という噂が生じていたからだった。我が家族は無事なれと祈念していただけに、父母をはじめ弟妹の手紙に、各々の顔を思い出しつつ、胸を撫でおろした。

それにしても約二年をかけ、我が部隊の足跡を追尾しつつ、ここチェルノゴールスクまで辿り着いたものと、人道的見地からの奉仕と思考される、国際赤十字のご努力に対し深甚なる謝意を申し上げたい。

東部八十三部隊が、開封に集結され、終戦の八月三日に出発。十日山海関を通過、終戦の放送が十五日。公主嶺で武装解除され、黒竜江を九月始め渡河し、シベリヤ鉄道を横断しての現地入りを、どのような情報からして察知されたか。その努力にはただただ頭が下がる思いであった。

班内の連中も悲喜交々、家族の無事を喜び、親族知己の訃報に涙はしたものの、故郷からの文が手に入ったことに充分感謝していた。にもまして、それに対する返事を受け付けるとの回報が来たときには、いっせいのどよめきが班内にたち込めた。

この返事がいつ届くかは定かでない。治療を受けている者にとっては、あるいは最後の書き置きになるかもしれないが、いま自分は酷寒の地でなんとか生きているんだぞ、という実態を是非知ってもらいたいというのが収容されている抑留者の偽らざる気持ちであっただろう。

おそらく内容点検があり、消去される字句もあるだろうが、家族がいつの日かこのレターを受け取った時の感慨は、帰国を指折り数えて待っているだけに、息子や主人が生きている証しである筆跡に、おそらく歓喜の涙にくれ、絶対に帰ってくれるよう祈りをささげるだろう。それはここにいる者よりも、はるかに大きな願いに違いないからだ。

まだ酷寒を冒しての水道穴掘り工事中のことであった。それでも、たまには空が晴れ、陰鬱な雲も去り、春の兆しかと感じられる日。一日に一、二回見回りに来られる小隊長の植田少尉が、小休止している私の前に立たれた。慌てて立ち上がり敬礼をする。と、そのまま、そのまといって自分も座られ「お前の故郷はS県のS市と聞いているが、そこにMというところがあるそうだナ」と突然いわれる。

確か彼の出身は北海道と聞いているだけに、また我が故郷とどんな関係があるのか。の疑念よりも風光明媚な四季おりおりの富士山の景観を楽しめる白砂青松の光景が一瞬脳裏をよぎった。

「ど、どうしてそこをご存知ですか?」になにか顔を赤らめて、「そこにこんな苗字の方を知らないか」と、掌に「榑村」と書かれる。

「私の勤務していた工場にも大勢通ってはいましたが、遠藤、宮城島姓が多く、かかる姓は知りません。何とお呼びするのです」に、「なあにわからなければいいんだ」、と行ってしまう。なんとも後味の悪い話だが、己が読めぬ文字であればしかたがないが、この姓に関係したなにかがあると確信し、作業を終え班に戻り、早速仲間にこの文字を聞いて回った。

案の定読める者はなく、中で一人モリムラではないかと推量する者がいた。私もそれではないか密かに考えていたのだが、この次小隊長に会ってあて推量をいい、それが違っていたとすると、おそらく二度と顧みてはくれず、どういう繋がりかも断たれてしまう危惧なしとせず。弱っていると、隣の班に元小隊長の伝令がいるはず。彼ならば知っているかもしれないと教えてくれる。

次の日昼休みを利用し、彼の所属するの班の穴掘りのところへ行き彼を呼び出し、事情を話し様子を聞いた。「ああ、その字はクレと読み、苗字はクレムラというんだ。なんでも小隊長がまだ幹部候補生を卒えたばかりの頃、原隊復帰の時間を利用し、北京の街をひやかしに出た時のことだそうだ。昼飯に食べたもののが原因らしく、猛烈な腹痛とそれに伴う嘔吐、下痢などで倒れ、担ぎ込まれた病院が、かのロックフェラー病院だった。

ここで腸チフスと診断され、隔確病棟に隔離された。すでに医師不足に加え、治療薬品もままならぬ状況下に、彼もおそらく夢うつつに死を覚悟したのではあるまいか？　その彼を寝食を忘れて介護に専念したのが、なんと私と同郷の看護婦であり、その献身が彼を死から救ったとのこと。彼の生涯忘れ得ない苗字がこれである」と経緯を話してくれた。年齢も彼と同年か少し上ではないかとも補足してくれた。

次に小隊最が見回りにこられた時、帰りがけの彼に言葉をかけ「わかりました、くれむらとお呼びするのですね」という私に、振り向き、ただ頷かれ頬を少し赤らめたかな、と思ったがそのまま去って行かれた。私はこのことを胸に刻み、忘れることのないようにと誓った。

海は紺碧に染まり、五月の太陽が燦々と輝くこの素晴らしい朝。ナホトカを出港した我々復員兵を満載した『恵山丸』は、しずしずと舞鶴港の岸壁に接岸した。

朝早く起き、一目でも早く故郷の山脈、町家の軒並みを見んとて、甲板に鈴なりになった目と目が、はっきりと見え始めた時、痩せ衰えた姿の復員兵たちが、言葉もいでず、涙、涙、涙で顔をくしゃくしゃにしながら、見つめていた。

「帰って来た。帰れたんだ」この歓喜が、長く暗く、苦しく辛かった、三年間をふっ切らせるごとく、足取りも軽くタラップを踏みながら降りていく。さあ、明日中には夢にまで描いた故里に帰れるんだ。戻れるんだ。舞鶴の岸壁の突堤にひとり佇み、東方に向かい、瞑目しながら、父母、弟妹、恋人を思いつつ、いまこうして帰ったことを報告していた。

復員事務手続きも終え、帰国の電報も打電したので、彼らも驚嘆しつつ私の帰還を待っていることだろう。

心に描いた肉親との再開も果たし、弟妹たちの元気な姿に喜びしみじみ故郷の香を懐かしんだころ、すでに私の帰国を承知しているはずの、別れたままの彼女からは何の連絡もなかった。もしやの危惧が胸をかすめたが、母にソッと聞いてみる。気の毒そうに私を見ながら、「去年結婚し横浜にいる」と答える。落胆を隠しながら、三年も音信不通だったからな、まぁ、仕方がない。と諦める他はなかったが、それでも、おれの胸の中にはいつも彼女がいて、支えとなってくれての復員となった事実を顧みたとき、これは感謝しなければならないのではと思い、彼女の幸せを祈らねばと未練を断ち切った。

「無事に戻れたのだからしばらく身体を休めて」と家族は温かった。が、そういわれても父母と共に私の帰還を待ちわびてくれた弟妹のためにも、総領として早く職域に戻り仕事をし、給料を頂戴しなければ立場がない。

一番に元の会社に赴き、復員を伝え復帰を依頼したところ、なんと、主力のエンジン製造の発注が少なく、人員整理をしている最中で気の毒ながら、退職してもらわねばとの通告。退職金も勤務年限が短いだけに、鼻くそほどをその場で支払われ、おさらば。

さぁ大変、新しい職場を探さねば、弱ったことになった。取り合えず職業安定所を訪問し、生まれて初めての職案求人課に履歴書をおずおず提示する。「I鉄工所におられ、シベリヤまで行かれたのですか、ご苦労さまでした」。ちょうど今、石炭を配給する公団がここの支局で募集中という幸運に、天は我を見捨て賜わずと直ぐに応募する。「支局人事から連絡が行くはずであるから待機されたい。」との内示に好意を深謝し、公団支局の面接通知を待つ。

終止符を打ったが、あの酷寒地での強制労働と、それに報わるに最低の糧秣で過ごした二年九か月。三年満たぬため戦時恩給皆無。かの竹下登首相のへたくそな慰労状と、二年間に五万円ずつ計十万円也の一時金（笑わせるな）と銀盃（どうせくれるなら金盃にせい！）でオールチョン。全く人を虐めてコケにした処遇。

まだウラ若き連中はまだしも、三十歳過ぎてから赤紙一枚で駆り出され、生死の境を彷徨し九死に一生の生還をし、ダモエ（帰国）したが、すでに生活に困窮する方も多いのに、雀の涙ほどの慰労金でお茶を濁すとは！　代わりにテメエらが行ったらどうなんだ。ちびった金をくだらないトコロにバラ撒き、挙げ句の果てには？　バンクになど救済の手をさしのべるだなんて、ツラを洗って出直してこいっ、といいたくなる。

人と人との交流、人種は違っても、我々捕虜に対する扱いに関してはＫＧＢ監視兵等を除いた、地方一般の人々の好意と同情は忘れることができない。ことに酷寒の地に生活しているだけに、地方の方々は男子も女子も捕虜とは見ずに「サルダート（兵隊さん）」と、我々を呼んでいた。

プリズン（囚人）というロシヤ語表現もあろうに、サルダートと呼ぶことで「ご苦労様、風邪を引かずに頑張って」という風に解釈できるのは不思議だ。つまり対等の人格者として扱ってくれたということだろう。

イカツケキヒゲボウボウの顔に笑みを浮かべ「プチム（なんや）」「ズドラステー（こんちわ）」「ハラショ（まあこなもんだな）」にオーチンが乗ると（オ、すごいぞ、素敵だぞ）に変わる。手振り足真似で何とか意味を通じさせ、それがまた交流の友情を育んでくれるのだ。鉄工場のナチャニック（監督）の一見して熟練とわかる落ちついた振る舞い、ブロガジル（助監督）のチェボルニコフのあのおどけた所作。一応肩書きが付いているので、我々の長としての名目は持っているのだが、何事にも不慣れであった。

何をするにしてもオール我々が先頭で彼が助手に回り、ひと仕事終えると「スパシーバ、スパシーバ」といい握手を求める如才なさ。憎めない性格にしんどいノルマ（彼自身にとっても）を上げてやろうと、力を入れる。そんな彼らと僅かの付き合いで別れてしまったが、その後はどうしているのか。

第三カントラの食堂のマダムは、三十過ぎの背の高い婦人で、常に変わらぬ微笑みを浮かべ「サルダート、サルダート」と、我々に親しみを持ってくれた。ウーガリー＝運搬を手助けした礼にと、舌もとろけんばかりのアツアツのスープで飯盒をみたしてくれた。

そして帰りに、雑のうを野菜で一ぱいにしてくれ、班内の戦友たちが歓喜したものだった。

あの温情は、常に微笑みを浮かべていたお顔と共に、私の終生忘れることのできない思い出である。もし、私の行けるうちに、彼女がお元気でいらしたならば再会したし、手を押し戴き、もう一度心からなる深謝を述べさせていただきたいと念願しているのだが。

私は幼少の頃より教会の日曜学校に通い、少年期を過ごし、青年期（ごく僅かな青春時代ではあったが）には少年を指導する教師にもなった。その後、兵役からシベリヤ抑留の道を辿ったが、あの頃を直面した生活の中でも、これは主が私に与え給うた試練であり、決して見捨て給うことはない。いま自分の最低の生活にどこまで耐えられるか、神はこれでもか、これでもかと、私の限界を見極めようとしておられる。その限界がどこまでかは計り知れないが、耐えて耐えて耐え抜き、その根性を神が備わされている時、私の前途が開けるのだ。神のみ掌の中に自由奔放に生かされているのだという思いを深くした。

毎夜冷たい寝床に一日の疲労を癒す前に、私は必ず「主の祈り」を捧げ、一番好きな賛美歌「主よみてもと」を、口ずさみ、一日を無事送ることのできた感謝と、明日の作業の無事を祈って眠りについた。

「主よみ手もて引かせ給まえ、ただわが主の道を歩まん。いかに暗く険しくとも、み旨ならば我にいとはじ　力頼み知恵にまかせ、われと道をえらびとうじゆくとはただ主のまにまに、ゆだねまつり正しくゆかむ」

神の試練に合格した私はついに「ダモエ」を授けられ、恵山丸で夢にまで見た故国の土を踏んだのであった。

　私より先に採用されたのは、すでに石炭商を営んでいる著名な店舗からの出向人で占められ、コークスより下の亜炭の取扱いとして一応採用された。公団の一員として採用を果たしたから、一応の食べる口の懸念は回避されたのでこの機会を利用して、いままで放置していた小隊長の彼女（彼だけの思慕かは知らないが）の消息を調べようと行動を開始する。

　果たして復員されておられるか、看護婦の資格を持っているなら資格を生かしてどこかの病院に勤務されておられるはずだ。いや、むしろ病院はどこかを探しだすよりも、自宅に電話が引かれているならば、そこに架電し勤務先を問い合わせれば早いし、ご本人の結婚の有無も判明するのではと、電話帳を繰る。

　ありきたりの苗字ではないので、すぐ探し当てる。気を鎮めて架電する。コールの三、四回目に受話器を外されての「モシモシ」のお声はお年寄りそのもの。中国でクレ村さんには大変お世話に相なった者です。お帰りにはなったでしょうと思いますがいまどこにお勤めされているでしょうかとお尋ねする。娘は復員していまは、市立病院に勤務している、のご返事に丁重に礼を申し上げ失礼する。

病院名がはっきりしたので、休憩時間を利用して架電する。果たして快く応じて下さるのか、そういう関わり合いを拒否されるのか。不安はあったが、あの酷寒のシベリヤでの三年間を胸の中に抱き続けてきた「愛」と称するものが私の一言の質問により開華するか、消滅するか、の岐路に立たされている、といっても過言ではないだろう。

落ち着いた、戦場での介護に明け暮れた経験の持ち主と思われるお声。

「クレ村さま、もしやして北京のロックフェラー病院に勤務されておられた経験はございませんでしたか?」

「はい、ここが長うございましたが、なにか?」

「もしやして、四年前ぐらいの現地で、若い幹部候補生が腸チフスで緊急入院し、介護された経験はございませんでしたか? 名前は植田といいますが」

「申しわけないのですが、ロックフェラーも著名でしたし、殊に戦時中では看護に夜も日も非ずの厳しい介護状態でして、入院患者の容態はもちろん、人名までいちいち記憶はしていません」

もっともなる回示であった。

人命救出のための必死の努力は、軍医の指示によって不眠不休の苛酷の看護であればそれもやむを得ぬものであったろう。

「そうでしょう。然し、是非覚えておいていただきたいのは、そのご行為をあの酷寒のシベリヤの果てで死を見つめながらも、故国にオレの生命を救った人がいるんだ、と思慕している男がいた、ということを忘れないでいてください。私は一足先に帰国しましたが、彼もほどなく帰国するはずですので」と申し上げ失礼した。

やがて彼、植田少尉から私宛てに、無事帰還したとの便りがあった。向こうにいる時、互いに住所の交換をしていたからだ。すぐに返事を出した。彼女は終戦後すぐに帰国して、いまお元気で市立病院に勤務されていることのみ記し、住所を併せて書いて投函した。

余計なことを書いて却ってせっかくの彼の一途な気持ちに水をさしてもいけないし、彼の口から真実を吐露し、求愛することがもっとも大切であると思ったからだ。果たして、求愛は成功しただろうか。

半年ぐらい経過して札幌から彼と彼女の連名で結婚されたとの通知を頂いた。もちろん、早速祝詞を贈り、祝福してあげた。この成功で、私の影の月下氷人の役目は終了したが、つくづく人と人との繋がりの微妙さと、縁と縁の逢い寄りの深さを思い知らされてのシベリヤでの物語も終止符を迎える次第。

【追記】

五月末、舞鶴港の海の青さ、町並みが迫るに従って「オレたちは還ったんだ、還れたんだ」。強制労働三年に亘る艱難辛苦に打ち勝っての帰還だけに、その感激もひとしお！　これにてシベリヤ抑留記も終了。と思いきやナント四十年も経過してからまた繋がりがあったとは、実に神のみわざの不思議さを感ぜずにはおられないエピソードとして追加することになる。

定年退職してから、新聞をくまなく読む習慣に助けられ、一九八九年七月二日の「声」欄に目を通していたら、ナント私のいた収容所の名に似た地名が記載され「まぶたの父の抑留地を教えて」という投書を目にした。「シベリヤのチャイナゴールスクをご存じの方は収容所の様子などを知らせて欲しい」、という内容であった。

投書者は、房総半島最南端のM町のY．S姉であった。間違いなく、チェルナゴールスクと確信し、すぐに朝日新聞の支局に赴き彼女のアドレスの確認を依頼した。支局員も事情を察知し、すぐに照会してくれ判明した。直ちにY．S姉宛詳細をしたため、心からご冥福をいのります、と投函した。

その後、「父の眠る地がわかった」というテーマが「声」欄の大半を占めるのを目にした。私以外にも多くの方々から、Y．S姉宛に情報が寄せられたそうだ。「多くの方々からのご通知を頂戴し、感謝いたします。特に七十七歳の母にとって夫の終焉の地が判明したことに安堵の胸をなでおろした」と書かれていた。

後の項は抑留での回顧談と、厚生省援護局調査資料室のチェルナゴールスク収容所の詳細。それにバイカル湖からクラスノヤルスクを経て、アバカン地区のチェルナゴールスクに至る地図まで添えられていた。この地図を見つめつつ、こんな辺鄙な炭坑の町で苛酷な作業、お粗末で僅少な食糧での生活を強いられ、年齢のハンデを背負いながらついに思慕を故国の家族の上に残しながら昇天された戦友たち。その屍を葬りながら、明日の生命の保証もなく、だれかが交代にオレを埋める日がやってくるのでは、と脅えながら過ごした日々を想い浮かべるのだった。九死に一生を得て帰還した以上は、かの地で没くなられた戦友たちの菩提を弔い、遺族の方々に寸志でも尽くすのが義務ではないかと思考するしだい。

一九九〇年十月二〇日付け「赤旗」紙は、モスクワ支局からの、ロスキー側の埋葬者名簿を入手し、シベリヤ抑留死亡者名を発表。当日二八五名分、同月二五日付で五六四名分計八四九名分だった。その中にY．S姉の父上の名も記載されていたとのことで、「声」欄のすさまじい反響に赤旗も同調し、十一月十七日には「父の名があった」という横大見出しで掲載し、母上を中央に姉上とY．S姉が写り、円の中には故父上のフォトが載っており、父上の経歴も述べられていた。

終戦の年、三月十八日に三十八才の彼に赤紙が、東京大空襲の三月十日で焼け野原と化した世田谷の連隊に入隊。家族との面会も叶わずにすぐに中国東北部（旧満州）に。何処を警備されたかは不明なれどおそらくソ連との国境アムール川の黒河あたりではないだろうか？

我々の部隊は、彼らより遅く到着したためロスキーの連中は作業の割り当ても付かぬまま急きょ〝水道の穴掘り〟を実施したに相違なし、と思考される。理由はここでの産業は石炭採掘をメインとし、それをエネルギーに鍛造、加工工場が建っていた。もちろん、まだ特業関係の区別がなかっただけに捕虜たちはすべて石炭の採掘の労働に四交代の稼働を強いられ、先に到着した彼らが従事させせられていたのだろう。

採炭作業員に指名されたといっても、内地で採炭をしていたという経験者は恐らく皆無であっただろう。世田谷の部隊であればなおのこと。部隊員には、都近辺の千葉、埼玉、栃木アタリからの三十～三十七、八才ぐらいの商店主、企業の係長、課長クラスのお歴々が対象となったのでは？　もっと若い連中はとうの昔に令状が舞い込んでいなければならないからだ。

「うちの人は、運に見放された、最後の輸送船での乗船が時化にでも遭って、一日遅れたなら、奇跡的に乗船を見合わすことになり、あるいは？」と夫人が最後の乗船を確認されてからの嘆きの言葉にも悔しさが表れているようである。

ズブの素人が、炭坑に入って採掘に従事するなんてとても常識では考えられないことを実施させることは、常軌を逸することだがロスキならばやりかねない。それにしても三池、三菱など各炭坑の優秀なる設備を持ってしてでも、後を絶たぬ落盤事故のニュースを見てもその恐ろしさを除去することはできない。まして設備の整わぬここの炭坑においておや、である。酷寒の中で、日々の糧秣にも困窮し、加えて労働の苛酷さに壮年の肉体はついていけず、儚く昇天されるか、あるいは落盤事故で生命を落とされるかのいずれかであったろう。ご遺族の心中をお察し申し上げ、ご冥福を祈念いたしたい。

この父上の死の消息、葬られた墓地をY．S姉はこの目で確かめ、できれば墓参した上遺骨を持ち帰り、先祖の墓に埋葬したい。墓参し、墓の前で「お父さん、やっと来ましョ」と祈念しなければ、私の戦後は終わらないと健気にも申されるし、年老いた母の代わりにも行かなければならない、と切実に念願する彼女であった。

九二年八月、イルクーツクからクラスノヤルスク経由、アバカンからチェルナゴースク行き慰霊墓参団に参加の要請があった。

（手記）

私はこの機会を逸してはと敢然参加し、その墓参を私に託しつつ、母は昨年八十八才で昇天し、いまは父の元にいると信じてはいるが墓参がされなかったなら、後生はされないと覚悟しての参加であった。最初は、バイカル湖畔にある墓地へ。野の草がとりどり咲き、短い夏をおう歌しており、団長の弔辞、読経の声が儚くも散った人々の霊を鎮め、慰めるがごとく線香の香りとともに墓にたゆとうていた。

翌朝はイルクーツクの墓地を慰霊し、次の墓参地はシベリヤでの都市クラスノヤルスクへ。建造物は欧州の都市に比肩する建物で、町自体活気に満ちている。街なかのロシヤ人墓地の中に日本墓地もあり、番号で記されている。ここから車で二時間ほど行った村の郊外の墓地は、土饅頭で作られ、その数二八六基があり、ブリキ板で番号が付されている。アバカン行きの飛行機が離陸する。

いよいよ父に遭えるのだ、昂ぶる感情を辛うじて押さえた「お母さん、いよいよお父さんと会いますからね、お母さんも一緒ですよ」。ロシヤ人墓地の奥まった一画が日本人墓地であった。ここの墓地が今回参詣した墓地の内で一番整備された墓地であると感じた。父の墓は市当局の名簿で十五と知り、その墓の前に佇み、生まれて初めて父と対面することができた。万感胸をよぎる、とその時「よくここまで来てくれたね。お前も待っただろうが、私はお前以上に、お前の来るのを待ちこがれていたんだ」という父の声をはっきり聞いた。時間と場所を超越したこの瞬間、父と娘の交情を妨げるものはなにもない。この想いに浸っていた。

（Y．S記　九二・九・一　記載　オーロラより）

以上彼女の手記である。文の最後には「父のほかにこのシベリヤで、帰国の願いも虚しく、散華した六万余の尊いみ霊に深い哀悼を捧げると同時に、私のように母の胎内にいて父を全く知らず、残された写真と折々に父への思慕や父のプロフィルを語ってくれる母の父への愛情の深さをより一層感ずる時、同じ思いの家族が倍、いや三倍はおられるのではと思う時、もうこのような体験は絶対にしてはならない、戦争は絶対阻止する」とある。誓いを新たにして墓参を終了されたのだろう。

Y．S姉はご主人とふたりの娘さん（一人は昨年結婚された由）と生活しておられ、全国抑留者協議会の年間のセレモニーには必ず出席され、遺族総代として挨拶もされたこともあられる由であった。

彼女からは赤旗の記載のコピーから、墓参の際の貴重なフォトまで頂戴いたし、これはどうしても記載しなければ、彼女の他にも同じ境遇の方々が無数におられる。これらの皆様の切ない気持ちを是非知っていただきたい。いや、知らせなければ無事に復員した責任が果たせないのではと、追記をした次第。

Y．S姉宛に出した私の手紙

胸をつかれるお手紙と、念願かなっての墓参された心情を吐露され、それをオーロラに記載されたコピーを拝見いたしました。後生を弔はれて、いまおふた方は天国でお揃いにて、五十年の空白を埋めあい睦まじく愉しく過ごされ、貴家ご一家を見守っておられるものと存じます。しかし不思議なご縁でのおつき合いには深い因縁があったと思います。貴女の声欄への投書が私の目に触れなかったとしたら、見過ごしてしまう運命にあったと思います。多くの戦友の同調協力、理解激励にこれまでの母上のご苦労はここに結実したと申し上げてよいでしょう。いまおふた方のご冥福を心から祈念しつつ筆を置きます。

不　備

浮かんだままの短歌を贈ります。

胎児にて　征きにし父の顔知らず　遺影と母の　偲ぶはなしに

讃美歌を　口ずさみつつ苦に堪えし　ひとしく愛し　励ましつ子ら

シベリヤは　何処にいますか便りなし　心は通う　祈りて待てり

亡父眠る　シベリヤ地名知りたくて　声欄投書に　かく多き文

喜寿の母　夫の没かる地を知りて　喜悦のなみだ　娘らもともども

わが思い　ヤット通ずと安堵せり　夫没かるの地　たとえ荒野も

戦病死　余りにつれなき一通ぞ　栄養失調　荒れ野の果てに

念願の　墓参果たせず母も逝く　雨あがる空　巨きな虹に

母願い　託さる墓参われは行く　チェルナゴールスク　亡父のみまえに

さんさんと　夏の陽照りしアバカンぞ　この異郷の地　眠れる父に

亡母ととも　冥福祈る父の墓　覚えず涙　したたり落ちし

第二章

旧社に手続きを取りに行くが、軍上陸用船艇を造っていた会社は軍が解体したため、人減らしの現状であるのが実体に見受けられ態よく断われてしまった。大丈夫と思っていた社から袖に振られ全く弱ってしまう。ドウスレバいいんだ、頭を抱える。右にも左にも全く手だてはない、職はどう探したらいいんだ。親には秘しての職探しが始まった。

私の復員の噂を聞いて、旧社でタイプをされていたTさんが訪ねてくれた。彼女も人員整理で辞め、配炭公団に入っている。丁度、人を募集しているのでよければとの願ってもない有り難い話。一も二もなく承知しお願いした。履歴書を提出し、無事採用されホッとし、三年間の空白を埋めるための私の新しい生活が始まった。

両親から、特に母からは「人間どこに運が転がっているかわからない。いまの仕事に全力を尽くしていれば、たとえその仕事が自分に不向きでも、手を抜かず努力すれば必ず報われる。誰かが見ていてくれて救いの手を差し伸べ引き上げてくれるものよ」といわれていたが、折角入った公団も、一年半で解散。販売会社が設立され要請にもとづき入った会社も二年で閉鎖。残党三人で、万世町の店の一隅を借り、机一台のささやかな社を始めなければ、サラリーはどこからも入ってこず。朝八時前には店に出て自らがスケジュールを立て申し送りし、石炭販売に東弄西走の毎日であった。

いくら頑張っても吹けば飛ぶような店。総合商社のS社、石油と共に販売のT．K社のネームバリューに対抗するには余りにも非力であったが、毎日顔を出す熱心さ、というよりも執拗さに根負けしたか、三割でも取り引きできる商いに徹していた。

新婚の妻の甲斐々々しい協力を忘れる事はできない。父母に仕え、弟妹たちの面倒を見、朝早く夜の晩い私に尽くすという、およそ新婚とはかけ離れた生活であっただろうが、文句一ついわずよく尽してくれた。

私の隣りのオフィスが、大手商社のN社の出張所であった。そこのS所長が私の懸命な仕事振りを見てくださり、半年後に声を掛けられオフィスに呼ばれた。

「小企業にシガミツいていても結果は見えている。終わりまで残って泣きを見るより、先を見通し、うちに来ないか」との思ってもみないお言葉であった。私は不詳にしてNなる商社を知らなかった。返事を保留したのは、私と同志的結合のもと設けた社であり、私の勝手で問題が起ったら申しわけないと思ったからだ。仲間に率直に設明し了解を求めた。

彼らは即座に「ソレハいい、N社ならば一生任せても懸念はない。こっちのことは心配するなよ」といってくれた。仲間の厚情に感謝し握手して別れた。

自宅に戻り、商社を調査してみると、三井、三菱、住友、伊藤忠等々、N社はその六番目に位置する非財閥系の商社である事がわかった。私のような、非力、非才、縁もゆかりもない、もちろんコネなんて全くないのに、時めく大商社の所長よりお声が掛かるなんて。冒頭の母の言葉が胸を打つ思いであった。

父母、家内に社を退き、所長の要請でN社に勤務できる旨を伝え、家内の手作りの小宴を開き、弟妹ともども祝ったことも懐かしい思い出である。「懸命に努力しておれば、報いは必ずある」を父母から継ぎ、将来のモットーとし私より次代の息子、孫らに是非引続き持ってほしいものである。

N社に入社した年齢は確か二十八才であった。二年間は嘱託として採用され、正式社員の登用は満三十才であった。普通中学卒即入社の連中とは十年の差があった（この途中入社と嘱託期が、退職金に影響するとは夢にも思ってみなかった）。

もちろん、年齢に相当する平等のサラリーは支給され、普通の会社より優遇されていた。その代償として私は仕事に意欲を燃やした。毎朝の出勤カードを一番早くチェックしたのも、私のテリトリーとする会社、工場はその時間には仕事を開始しており、前述の大手商社の支店、出張所と鎬を削る闘いがあったからで、早朝出社の得意先との連絡、要望などに午前を費やし、午後からは個々の面談に駆け回る毎日であった。

折からの朝鮮動乱特需による景気の上昇、造れば売れる時代に入り、コマメに動くことに加えてN社の看板もあり、商いは順調満帆であった。その頃、東京―大阪間に新幹線の着工計画があり、静岡工事々務所設置の新聞記事が記載された。

「これだっ、レールは官給品だが、立入り防止網は規格に合えば問題はなし」

社の取り引き先の落石防止ネットを販売しているI．K社とタイアップ売込みを計画し、所長の許可を取り付け、売り込みを開始した。早出をし静岡駅南口の事務所への日参が始まった。通い続けること十日目にして、N杜ならば委任してもと、設計、工事両課長より、工事の連帯書を提出すれば許可するとの承諾を得ることができた。

我が社と、I．K社の連帯保証書を提出し、許可を取り付けた。官庁、公団に出入りする第一ステップであったが、八時半の開始の前に行き面接を待つためには、七時半には家を出なければならなかった。家内の負担もあるし、父母も無理はしないようにといったが、息子、娘の二人の子供にも恵まれた若いエネルギーは、働く意欲に燃えていた。加えてこの立入防止網は浜松寄りの県境より東進し進捗されており、設置した箇所を計測し、二十日締め切り、二五日請求書提出、月末銀行振り込みという極め付きの条件であった。

県の東境湯河原までは、流石に我が社だけではムリで、静岡までで一応終了したがそれでも、莫大な効果があった事は事実であった。続いて開始されたのが東名ハイウエーの計画着工である。静岡工事事務所の設立と同時に日参が始まった。この東名高速には、立入防止網のほか落石防止ネット、ガードケーブル、レールなど双手をあげても欲しい物件が、それも工事付きで待っているという願ってもない話であった。

顔付きが変わったという父母妻の声に送られながら、毎朝開始前より顔を出す私に、事務所の連中は社の名を呼ばず「日アキナイ」のスーさんと冷やかされる始末。だが熱意が通じたか、県境西より東までの距離の前述の品目を工事ともに受注した。大成功であった。

仕事に誇りを持ち、ダメでもともと、一途に頑張る気持ちが実ったと思う以上に、支えてくれた両親の温かい目や、早朝の支度にも拘らず文句一つこぼさず尽くしてくれる家内の愛。そして「オトウさん、ガンバッテ、いってらっしゃい」という子供の声援が、どんなに励みになったか……。

東名ハイウエーは完成した。暮れのボーナスでは、特賞も合わせ頂戴した（社は出張所を支店に昇格した）。もちろん私一人の実績だ、という自惚れはない。岩戸景気が需要を喚起し、出張所が相当の実績を上げたからである。もちろん、この工事ばかりにかかっているわけにはいかない。

以前からの商いを少しでも揺るがせにしたら、虎視眈々と隙を狙っている他社に得意先を取られる危険が常にあったからだ。幸い一人回してもらった後輩とやれるだけやってみようと、頑張った物資課長時代の懐かしい思い出だ。東名工事の終了前に新設の区間の支店より、経験を買われ、来て欲しい旨が支店長より内示されたが私は即座にお断わりした。私は中途入社であり、この愛してやまない清水、死を予想しながらもなお故郷を思いつつ生き抜いたシベリヤから、故郷があったこそ生きて還れたんだ。

転勤を強制するならば、会社を辞めればいいんだとも覚悟した。工事に付き合いアッチコッチたらい回しされたあげく、右を向いても左を見ても、誰一人見知らぬとこにオッポリだされる惨めさは、絶対味わいたくはない。社で私が不必要であれば辞めさせればイイと腹をくったが、幸い頭の上を通過しただけで済んでしまった。

昭和五十六年十二月三日、私のバースデー即退職の日。約三十年に亘るラストの日。支給された退職金を帰宅し開き、驚愕した。私より一年先輩の中卒で入社した彼から退職金が二千万と聞かされていたから、中途入社の私ではそれより悪くて半分。実績を加味されればかなりだろうという自惚れを、売全に覆すタッタ五百万であった。俺の、三十年の奉仕の代償が、評価がタッタこれだけか！　納得いかない苛立ちが憤怒が身内を駆けめぐる。

自宅を新装し資金の三割を当てにしていただけに、頭を抱えてしまう。平均給与は商社だけに、一般企業より多少高かったが、仕事量、個人的実績評価ではなく、社全体の利潤により労組との接渉により、給与　ボーナスは毎年決められていた。個人の評価はなくとも、生活の拠り所として懸命に奉仕した結果の判定か。どうしても納得がいかず、人事部に説明の手紙を出す。すると、貴下は入社時嘱託の期間が三年間あり、年齢も満三十歳。当社規定に従い支給しました、という冷い一遍の通知があっただけだった。それ以降一度の連絡もしなかった。

すでに父は没くなっていた。十四年前で、死因は脳梗塞あった。酒好きで晩酌を欠かした事はない父ではあったが、適量は心得、深酒を過ごす事はなかった。働くことを生き甲斐に、休む事を知らない律儀な父。釣りをもっとも好み、たまの休日には朝早く起こされ、江尻の岸壁に二人で釣り糸を垂れ、鱚を釣り上げ大喜びした楽しい思い出。明治生まれの気骨を持ち、規律については、厳しい眼で是々非々の理念を貫き通した父であった。

父が先に逝き、悲嘆に暮れる母ではあったが、七十五歳という年齢、脳梗塞という治癒不可能の諦めもあり、刻と共に悲しみは薄れていった。それから母の本当の生きがいが始まったといってもいいだろう。

母は、近所の同年配か、おば様（おばあ様も交って）方との旅行を唯一の楽しみ、慰めとしていた。Ｓ様というリーダーに誘われて、Ｓ夫人、Ｍ、Ｋのおばたちと、今日は東、明日は西と（一寸オーバーか）子育ての緊張感や、夫に対する奉仕から完全に開放され、近所であり、同世代、気の合うことが渾然一体となり旅への憧れになったものと思われる。

家の新築も終え、木の香も香ぐわしい座敷に父の仏壇を供え、朝に夕に香華を絶やした事のない母。花樹の手入れ、朝晩の水やりも欠かした事は一日もなかった。旅に行く時には「忘れず水をじょうろで撒いてネ」と、念を押し出かけた。ホースで撒けば花が可愛そうというのだ。庭というものを持たなかったが、線路側の一画を亡父と開墾し二坪の植え場をつくり、無花果、芙蓉、薔薇、菊等季節の花々を植えた。

無花果は二十年近くの老木になっていて、晩春から初夏にかけ小粒の実を付ける。大粒に比し半分の小粒であったが味は格別で、タワワに実った実をカゴいっぱいに摘み近所にお裾分けしたものだ。

花の中でもライラック――このエキゾチックな花を私は、道花と思っている。北海道に咲く花だからだ。母が植木を好むのを知り、近所の医院の奥様より頂いた枝を挿し木し育てたものだが、数年後には逞しく成長し、初夏には可憐な花が香ぐわしい香りを辺り一面に漂わせ、通り過がりの人が「これは何という花なんです」に、「これは道花のライラックですっ」と自慢げに小鼻をピクピクさせながら話していた母の顔を思いだす。

春、夏、秋、季節ごとに花を咲かせ、そして冬の山茶花を最後に、また来る春を待つ。いく歳もいく歳も。年が変わり母も老いていく。その母の自慢の無花果も老木と化し、幹に虫が寄生し穴を開けているのが見つかった。外の小穴からのぞいた幹の中は、喰い荒らされていた。今年の春であった。もちろん、あんなに採れた実もほとんどなく、今にして思えば、なにか前兆のようでもあった。

母には今年の実は無理だよ、これ以上腐ってはいいとこの枝が可哀相だから、他の幹を助けるためにもこの幹は伐り除くよといった。後ろの線路の金網に入り、前後から鋸で大汗をかきながら切ったくらいだから幹はかなり太かった。そういえば、三年ぐらい前の夏の頃、この無花果の枝の根元に蜂が巣喰っていた。母から葉が茂り過ぎるから剪定してよと頼まれて見つけたものだ。

切っている最中、羽音と共に襲いかかって来た熊ン蜂よりひと回りデカイ蜂、肝を潰し家の中に逃げ込んだ。線路側からそっと窺うとバナナの房ほどもある巣がプラ下っている。母に名前を聞くと、確か鬼蜂というんじゃないのという。このまま放置すべきか、地に堕し巣ごと埋めようか迷ったが、結局この無花果を長生きさせる為にも、蜂をなくすしかないと判断。夕刻帰巣を見計らい、地面に棒で叩き落とし、用意した土をバケツいっぱい被せ消滅させた。この蜂の巣喰った幹が無花果を絶ち、母をもと思うのは考えすぎであろうか。

〈蜂の怨念〉

平成二年の誕生日の三月末を過ぎる頃より、八十五歳の母を散策に連れ出そうと思ったのは、痛む膝のリハビリのためである。実は十四、五年通い続け、治療に専念している市病院の整形外科は相も変わらぬ痛み止めの貼り、飲み薬のみの処置。もちろん、リハビリはナッシングのお粗末さ。

だが医長である院長に心服している母は、一週置きの治療で話をするのが楽しいという有様。それでもリハビリする所に代えた方がいいということで、近所の針灸に連れて行ったが、保険は利かず効果はなしと通院二回目でわかり断念。次に五百メートル離れたS治療院に連れて行き電気マッサージをかける事にする。保険は利くし、効果もあるような気がするという。それなら暫く一日置きに通ってみよう、と次の日から一人で通わせた。

二回目に自転車で様子を見に行くと、治療院へ行くの途中の寺の門の繰り石に腰かけている母を発見した。難儀そうでとても見てはいられない。取りあえず母をそこに待たせ、家にとって帰し荷台に板を敷き、上に座布団をくくり引き帰し、母を乗せ急きょ引いていくことにした。商店街を抜けるため朝八時過ぎの通りはガラガラで、特に懸念はなかったが人に見られる体裁の悪さは多少あった。

ここも二カ月半ほどで止めてしまったのは、今度は泌尿器の具合が悪いと近所の内科医から診断され、新設の市立病院に通う事になったからだ。泌尿器科は整形外科の隣にあり通院のためにはどうしても寄らなければならない宿命（オーバーか）であったわけである。

またゾロ、昔の治療に戻ってしまった。十年来全く変らずの治療と、それを待つ七時半からの患者の群れ、新設という魅力のみに駆られ参集する患者。診察が終わり支払いをし薬を貰う迄の時間の長さたるや。八時前に診察券を差し入れ、治療し薬を受け取る迄には完全に十時半は過ぎてしまい、家に戻るのは半日仕事である。

そうこうするうち泌尿器の方もナントカ治ったので、母には「もうあんな時代遅れの病院など行くな。薬だけは前に貰ったのが半年も貯っているから。そのうちオレがいい医院を探してやる。」といって「今までのS治療院に行くのも気が引ける」、という母にどうしてもと進めるわけにもいかなかった。

それで、暫くはゆっくり駅前銀座を散歩し、行けたらバスターミナル、向かい側の西友に迄足を延ばそうやと、母のペースに併せ二人並び、江尻JR踏み切りを渡り、恵比須屋、地蔵尊、陶器店などの前に置かれたベンチで休みながら、駅前の二つの交差点を渡り西友地下に辿りつく。地下に入れば、暑い時は冷房、寒ければ適温にコントロールされ快適この上なし。コリャイイワとお決まりの日課となったわけ。

駅前銀座を歩きながら、スーパー、小売店などを冷やかし、品と値を頭に入れて地下に降り、店内を隅から隅まで回り、休憩シートに座り、高い安いを批判。小遣いを呉れる弟にたまには野菜を買い届けたり、と母にとっては充実した生活が始まった。私が特に懸念した事は痴呆症の進行防止である。

散策に出、店屋の品、価格を覚えさせ比較させる事が役立つと考えたからだ。足が大切な事はいうまでもない。加えて呆け防止となれば一石二鳥ではないか。母も「足はいくつになっても大切だから歩くのが一番イインダね」、と昼飯後の出発を楽しんでいた。雨もよいの日には、空を眺めながら「午後はきっと止んでくれるネ。少しぐらい遅くなっても小止みになったら行こうね」と、せがむ始末。

家にいるより外に出て、気分転換にもプラスされるならばと、ほとんど毎日のように出かけた。地下の売場コーナーの皆様ともすっかり馴染みとなった。「オバァちゃま元気でヨゴザイマスね」と、声かけられ、私も「毎日の出勤ですから西友で、タイムレコーダーを付けてくれれば精勤賞を頂けるのでは」、と返して大笑いさせたことまである。

ある時など恵比須屋前ベンチに腰かけていると、腰の曲がった婆さまがツカツカと寄ってきて「あんタタち、よく見かけるンどいつも一緒でいい。イイご夫婦だネ」に、母と顔を見合わせ苦笑「オパハン、シワの数を見て決めてヨ、顔も似てないかい」。「そうイヤァ、にてるなァ、でも年の違った（アンタちぐらい）夫婦がいたって、オカシくないよ」とくるから大笑い。

また、この頃駅前ですれ違う七十五過ぎの、体のがっちりしたオッちゃんと、二、三歳年下の連れだって歩く小母さんと口を聞くようになった。彼はなんと毎日久能からバスで通い、彼女の治療の終わるのを待ち、十時の開店の西友をひやかし、店内をユックリ回り、ロハの肩、足揉み器にかかり、昼飯は外に出て彼の奢りで昨日はラーメン、今日は寿司と、涙ぐましい友情ぶり。

彼女の歩行の鈍いのに、彼が寄りそって歩くのもなにか清々しい。聞けば彼女の旦那は寝たきりとか。ふと気がついて小母さんの通う病院を尋ねる。何でも駅前のK医院という整形外科だそうだ。そこは、リハビリはしてくれるのかと矢継ぎ早に質問すると、電気、熱射、振動器等あるという。

こりゃいい事を聞いたと、早速保険証を持ち出かける。三、四十分のリハビリの間、近くの本屋、西友をひやかし時間を潰しても、母の足が少しでも良くなれば散策の途中の駅付近ではあり、効果を大いに期待した。

リハビリに加え痛み止めも注射をされたが、年齢もとり皮膚が老化しているため、下手な注射をされると紫斑が残るのが玉にキズだった。ここは、必要としない足のコルセット（二足三文物だろう）を法外な値で斡旋していた。こんなチャチなものは断わろうと思っても、そこは治療を受けている弱み買わざるを得ない。ついに一度も使わぬまま放置する。

九三年三月、誕生日を過ぎる頃より八十七の体力の衰えは歩行にも支障を来すようになってきた。

第四章

第三章が完了したので、これをコピーし家内に見せ批評してもらった。「いいけど、自叙伝的なカンジ」との答え。そうか、自叙伝的か、と自問自答する。振り返ると私の中には深く母が存在していた。母の影が父の死後特に濃くなっていたとハッキリと思い浮かぶ。日常はもちろん、たまに旅行に行く時でも、無事で帰ってねという囁きが常に胸に去来しており、母は常に私と共にいてくれた、と没くなったいまはっきり知り胸が痛む。

早逝した舎弟らに触れるのは彼らに対する供養になるし、母の思慕にもなるだろうと記す事にする。三弟は子を一人設けたが、残念ながら離婚した。彼は自分の早逝を知っていたか、父母に尽くし父亡き後は、母の面倒を見てくれ、母も彼が来るのを楽しみにしていた。

が、五三年三月脳血栓で倒れ他界した。その時の母の悲しみぶりは目に余るものがあった。長男でしっかり面倒を見ている私をさしおいて、「私を置いて先に逝くなんて、代われたら代ってやりたい」などと羨望を感じさせる程だった。

それくらい母のショックは大きかったに違いない。私にしてもチョイチョイ顔を見せてくれた話相手の弟の突然の死のショック以上に、我が子を失う母の悲嘆を垣間見た思いであった。可愛い我が子が離婚という事態に陥り、やっと失意から立ち直ったのも束の間、看病もろくにできぬままの昇天、母の悲しみは痛い程わかる。葬儀を終えても悲嘆に打ちひしがれる母であった。

末弟は、末っ子の寵愛を身に受けながら（甘受したためもあったが）、中学校はさぼり、親のいうことなど聞かず、登校拒否をし、反抗ばかりしているどうしようもない者に成長していった。二十歳も違う私の意見など何処吹く風。

中学を卒業するやいなや家を飛び出し、住まいも職も点々と変え、音信不通の時期もあったりなどし、両親をどれだけ心配させたことか。父は死に際に私を枕元に呼び、末弟をタノムヨと末期の言葉を残した。

彼に対する親としての愛情が切々と感じられ「わかったよ、心配しないでくれ」と訣別をした。父以上に母は我々に対し肩身の狭い思いをしていたに違いない。口には出さなかったが、心では早く立ち直って私のもとに帰ってオクレと、どんなに心待ちにしていた事だろう。

その末弟が結婚し、焼津に世帯を持ったと顔を見せたのは今からほんの十余年前ぐらいであったろう。すでに娘、息子は中学、小学校に通う。私にとって年若い姪と甥であった。つまり彼らにとっては伯父という責任者になったわけだ。それでも彼ら夫婦は私の一家とは気兼ねもあってか、あまり行き来はなかった。

ところが高校を卒業した甥が、なんと国立沼津高専に合格したと、意気揚々、鼻をうごめかせやって来た時の驚き。早速母に知らせ静岡で一番難しい学校に、健が合格したんだと伝えた時のあの顔。ほとばしる歓喜、身から出た錆びとはいえ、兄姉たちからは疎まれ世間に対し恥じる思いをして来た母だけに、あの不肖な息子からどうしてと思ったことであろう。我々も彼のせいであるわけではない。甥自身の努力と常に温かく見守っていた嫁がいたからだと確信していた。

さあ、それからの父親としての打ち込み方は凄まじかった。彼の勤めるスーパーは金曜が週休である。朝九時過ぎよりボンボンに乗り、息子の寄宿舎のある愛鷹まで通うという入れこみよう。帰りには宅に必ず寄り、息子の様子を話すのを楽しみにし（息子の方は、一カ月に四回も来られては叶わないと思ったのでは）、また生きがいにも感じていたに違いない（もちろん、早逝がこんなにすぐに来るとは夢にも思っていなかったろう）。

四年前の五月二十日、忘れもしない金曜午後一時半に歯医者に行った後彼が来て、なんだ兄貴はいないんかとさびしそうに帰って行ったと母から聞く。医者の休憩時間を忘れて出てしまった結果、彼との最後の対面も叶うことができない仕儀になってしまった。

治療後帰宅した私に母が、いま帰ったとこ。そこらで行き合わなかったかいといったが、もう少し待ってればいいのに、まあ親子が会ったんだからと気軽に返事をしておいた。

二日たった二十二日夜半、けたたましい電話のベルに何事かと出る。焼津の嫁のオロオロ声。帰宅途中、浜当目山中のトンネル手前のガードレールに衝突し、意識不明のまま静岡市立病院に担ぎこまれたという報せ。

仰天し、四男に架電し妻と共にタクシーを飛ばす。何とか持ちなおしてくれ。助かって欲しいと、切に祈りながら――。

病院の六階に心痛、傷心した嫁、娘がいた。息子はまだ来ていない。包帯に包まれた顔からは表情はわからない。衝突の際の脳挫傷と考えていたが、医師の診断では、突然のクモ膜下出血による運転不能のための衝突とのこと。

沼津から駈けつけた息子とも一言も口をきかぬまま、三日後の二十五日に昇天した。母にも最後の訣別には来てもらった。悲しみを必死に堪える母の手をしっかり握り、私も溢れる涙を堪えていた。最後の最後まで、親に心配かけ、これから孝行をと思う間もあらぬうちに逝ってしまうなんて、と母は思ったに違いない。

二日前の金曜日に沼津で会ったオヤジが、二日後に意識不明の重体だなんてと半信半疑で駈けつけた甥。全く動かない父の枕下に佇み溢れる涙を必死に耐えていた。生き返って、言葉をかけて欲しいという願いも空しく、三日後に昇天した。亡き父、三弟の霊に祈り続けた願いも空しかった。母の落胆はいかばかりであったろう。目の中に入れても痛くない末ッ子が、半年近く毎週金曜日に顔を出し、二千ccのオートバイで往復するごとに、くどいほど程運転には留意するようにいい続けた母。その願いも空しく、奪い取られた運命をどんなに嘆き悲しんだろう。

死後遺族に残されたのは障害、生命保険である。この中から葬儀代、当面の生活費を捻出しなければならない。ところが生命保険はおろか障害も満足に掛けておらず強制保険のみであった。それも病院の死亡診断書か警察の検死書の提示が必要となっており、病院のでは当然保険は下りず、検死書のみが頼りとなった。

静岡中央署交課に足を運び課長に面会を求め、事情を詳しく説明し懇願した。了承され運転中の事故として処理されることになったときはホッとした。

葬儀の日、彼の死を悼むかのように雷鳴が轟き激しい俄か雨の葬儀となった。葬儀の手続きも長男である私が取り仕切らねばならなかった。気の昂りはここ数日寝ていないのが原因であるのもわかってはいた。イライラし、少しのことでも怒りっぽくなっていた。埋葬許可証を貰いに焼津市役所で手続きをしている最中、方言がわからず聞き返した時、隣の席の女子事務員が笑いだした。途端に憤激した声で「人、一人死んだのだぞ、何がそんなにおもしろいかっ」

と役所中に響き渡らせてしまった。実に不愉快な気持ちのまま火葬場へ。わだかまった気持ちが一寸した妻の不注意を怒鳴る始末。

そういえば二日間飲み薬を飲むのも忘れてしまっていたのだった。私の一家は父と二人の舎弟まで脳の疾患で生命を落としている事実、もって心に銘記すべきであろう。母を置いて末っ子もこの世を去ってしまった。

歩くのも億劫になってきた母。一緒にユックリ歩くのさえ遅れるのに付き合っているうちに、閃いた。そうだ自転車だッ。この荷台に掴まらせてみたらどうだろう、と思い付いた。私は自転車を支えるだけ。母は自分のペースで歩けばいいのだから。グッドアイデア、早速実行すこぶる好調。三段ミッションの真ん中にし出発。

快調なり。母の足のペースに合わせ車輪はスムースに。バンザイッ！　思わず歓声を上げてしまった。私は只ハンドルを持っていればＯＫ。素晴らしい発見。母はのんびりと掴まって歩いている。おそらく一番斬新な老人向け二輪車ではと、自慢したくなる。普通のチェンジでは若干負担が多いかなと思い、試しに軽に変えてみる。普通よりかなりの軽さでよりスムースな動き、全くゴキゲンだ。

三年前に買った（一万円）ものだが一週間ごとの掃除で、いつまでも買ったばかりの新車のようにピカピカである。その自慢の車を押しての西友までの道のり、駅前銀座通りは我々母子のための通りに思えてならなかった。

通りのＳ床屋、自治会役員の方からはよくまあ毎日出かけられる、大したものだとお褒めの言葉。親子ならば当り前だと思うが、その当り前がいまの風潮では、到底受け入れられないのが実情なんだ、それを考えると頭が下がるといわれる。

心の中でふと思う。私、Ｎ・Ａがいま此処にいる、生きて楽しい日常生活ができるのは誰のお陰だ。私を生み育ててくれた両親ではないか。オヤジは残念ながら他界したが、オフクロは元気でいる。オヤジにできなかった分、母に尽くすのは当然であるという理念。これは持って生まれた性格の他に、私を日曜学校に通わせ信仰に入らせてくれた母からの賜物と思っている。

教会の信徒が怒ることについて云々するが、公共的、社会的に履反す行為行動は批判し厳しく改善法を要求し、弾劾は二度迄は容赦するが、三度目は絶対許さない。聖書に載るシモンペテロの役割を神から与えられた者とし自負しているからだ。

母も家内も、長い物にはには巻かれよ。強がりもホドホドにして、諌められるが、持って生まれた気性はおいそれとは矯らぬものである。
一、Ｓ鉄道……軋りの問題（六年来折衝中）

二、ごみ不法投棄……T．M町における生ゴミ類不法投棄（清掃事務所に三年前より、改善方依頼中）

両者とも腰が重く交渉は長引いたが、やっと何とか目鼻がついてきた。特にごみ不法投棄は、環境美化運動、巴川をきれいにする運動を、市のモットーとするならば絶体に見逃すべきではない。

こういう連中の撲滅は、見て見ぬ振りをしては元も子もなくしてしまう。誰かが率先し、ダメもとを信条に徹底的にやりぬくしか手立てはない。「ダメもと」実に良い言葉だ。

私は、N商勤務時代これを商売のモットーとし、座右の銘として来た。頑張り、努力してもダメであれば、自分自身納得がいくし、ダメを覚悟で懸命にやれば、道必ず通ずと信じているからだ。

五月に入り中旬家内が、万生町よりのSMという寿司屋でカラオケがあり、各種の衣装が用意され、それを纏い面白い扮装でカラオケを歌うという趣向を聞きこんできた。それはいいというので予約し、息子等四人、家内の従姉妹、我々三人母の慰安にと出かけた。息子が母の手を引き、ゆっくりゆっくりと歩き二階の座敷に陣取る。

ビール、ジュースで乾杯し、出される新鮮なツマミ、寿司を食べながらカラオケのスイッチ

ＯＮ。流れるメロディーに、アルコールの入った我々が歌い始める。寿司屋のママがカラオケを選定してくれ、孫ら二人が、河童、猿、狐などの面をとっかえひっかえ付け変え踊る。私と息子も、女装、股旅姿に扮装し、歌いながら踊りまくる。

見物している母らは、腹を抱えて転げまわる。母のあんな笑った顔を見るのは初めてだ。涙を拭きながら笑いこけているのを見ると、やっている我々も連れて来てよかったと、笑いが伝染するのがハッキリわかった。腹の底から家族一同が笑える楽しさ、ママに、カラオケチェンジのサービスをして頂いたのも感謝の他はない。和気あいあいの内に終了した。

Ｓ姉の歌われた『影を慕いて』は、フィナーレを飾るに相応しいものであった。すぐに寿司屋のおかみに、母がことの他喜んでおり感謝する。またの機会には宜しくとレターを出しておいた。七月に入り予定を取ったが、生憎席が取れず次の機会ということでお流れ。

次の日程をというちに、母の具合がおもわしくなくなり、ついに他界という事になろうとは喜びが深かっただけに残念でしかたがない。母の内臓は、年齢を感じさせない逞しいものであった。さつまいもが好物とあって、芋の出回る春先から安い店を巡り、買い求めたものをふっくらと茹でたのを、十時、三時のオヤツとしてバナナミルク（皮を剥いた冷凍バナナに冷ミルクを注ぐ）と共に食す。

栄養満点の間食で、両人で屁をこきながら健康を保持していた。母は好き嫌いが全くなく、家内の作る夕餉の菜を舌鼓みを打ちながら、茶碗一杯の〝コシヒカリ〟、出される菜を実に美味そうに食べ、太刀魚などは、我々だと片側ずつ小骨をとりつつ食べるが、母の場合は適当に切断し、そのまま口に入れモグモグさせ身の分は喉を通し、小骨を含めた骨は器用に皿に開けるという芸当をやってのける巧者ぶり。

もし喉に骨が刺さったらと、心配するのを小骨ぐらいは箸で取ってから食べるよ、と言いわけする始末。よくもまあ入れ歯でいながらと、ホトホト感心させられた。特に母の好みは夏の冷やし素麺である。冷した素麺に揚げたての天ぷらにダシのきいた汁。ミジンの葱に芥子を添え喉に流しこむ。噛むどころか息もつがずに「オイシイ、オイシイ」。

と、今度は「天ぷらを食べるから汁を足してよ」と汁のお変わりを家内に頼み、美味そうにすすっていたあのうれしそうな顔。他には、寿司も好物の一つ。握りよりも五目の方が量もあり、上に置かれた数々の具に至極ご満悦で、明日の昼の分も合わせて作るかを家内に確認しつつ、箸休めの新香で新茶を呑んでいた母。

食事を終わったときの挨拶は手を合わせ「ゴチソウサマ」といい引き上げた。私は「ああ、オイシカッタ、ごちそうさま」と引き上げる。自然に出る言葉は、作る側への感謝、骨折りに対するいたわり、十二分に飽食した喜びが渾然一体（オーバーか）となって口から出る言葉。作る側としては励ましになるのではないだろうか。

刺激されてか、料理の本はもちろん、新聞の切り抜きをもとレパートリーを増やす効果となり、双方ともに嬉しい結果となった。それかあらむか、駅前銀座を散策し、食堂の出し物を指さして、腹が減って、もし食べるならあれがイイか、こっちがイイかと聞いても、決して食べたいとはいわなかった。

「こんな店屋のものより、お母さんの料理が一番オイシイよ。夕方まで我慢すれば食べられる。今日は何を作ってくれるかしら」という母。家内もおそらく母の気性を知っていて、作る意欲を燃え上らせたに違いない。

母は自分の仕事（?）に対し十二分過ぎる程に完璧な態度で接していた。花樹への毎日の水やり、表玄関とトイレの掃除、自分の下着の洗濯（家内が洗濯機でやれば早いしラクだから出してといっても、恥ずかしいといい真冬でも手洗い）をしていた。

朝晩の植木の水やりも必ずじょうろで掛け、助けのためのホースによる散水を「花や樹が可愛想だし、花はじょうろで根元に優しく注げば明日も花を咲かせ、萎んだ花も息を吹き返すこともあるの」と叱る。その言葉で二度とホースでの散水はよそうと思った。

表の掃除に至っては我が家前に留まらず、周囲三、四十メートルある町内を朝早くから丁寧に掃除していた。「自分の家の前だけで充分じゃない、他家の表まで掃除する必要はないよ」と詰める私に「良きに付け、悪しきに付け、町内の皆様には、世話になっているのよ、こんな事ぐらいしかできないが、私のできる精一杯のお礼だよ」と八十五歳まで雨の日を除き毎朝掃除していた。

大らかな気持ちを持っていた母に頭が下る思いであった。それが済むと玄関とトイレの掃除。いくら私が代わるといってても「これは私の仕事。私の元気のうちはやらせて。具合が悪くなったらお父さんが代わってくれればいい」と頑固にいい続け一日も休まなかった。

洗濯にしても、出しておけば洗濯機で簡単にできるのにお母さんに洗ってもらうのはと渋り、何度いってもバケツに洗剤を入れ、表の蛇口の水で手揉み洗いし外の竿にソッと干していた。

三年前厳寒にまだ手揉み洗いしている母を、私は怒りドヤシ付けた。「あまり見苦しいマネをするなよ、他人が見れば洗濯機も使わせず、年寄りにこの真冬手を凍らせながら洗濯させているると思われる。それを貸せ。今日から洗濯は速足から帰ってからやる」と宣言し、夜、風呂上りに換えさせ朝洗濯し、サッパリした物を毎日交換させた。気持ち良くなったのか、悪いけどこれも頼むねと、ブラウス、セーター等もたまに出すようになった。

それと前後して、トイレの掃除も母から強奪する。私の朝は早い。三時半には起床し、約一時間前日の句の整理をし、四時半にヨーイドン。約三十分かけ自宅から、相生、島崎、旭、松原、万世各町を経て帰宅する。四分の三拍子のかなりのハイペースである。

定年五年前から実施しているから、十五年は経過していることになる。帰宅後は、配達された新聞を丁寧に読み、連載物、プラスになるソースは切り抜きにしてロハで置かれている求人誌に、各項目に分類し収納整理している。朝日紙の連載小説は終了後の新刊の発行を待たずして、プロローグからエピローグまで即座に読み終わることも可能なわけである。その代わり、糊の使用量、張り付けたノートを詰める箱を置く場所には苦労した。

そして日課の掃除、洗濯を終わり、六時過ぎよりゴルフのパターを除く。一、二、ウッド、三、五、七、九、アイアンのフルショットを、コンベヤーベルトを加工した練習シートを使用。もう十六、七年使っているがまだ五、六年は大丈夫のはず。退職後ほとんどコースには行っていないが、レベルはむしろ相当アップしている自信はある（余談になったが）。母の仕事を次々に強奪してしまったワケだが、内心はほっとしたのでは……コノ頑固ババァめ。

五月も末になった頃、物忘れというよりはいつも口にする物の名を、失念することが多くなって来た。母は年齢に似合わず記憶力抜群で（私の物忘れ、思い出せない人の名など）駅銀座通りのベンチに座っていると、声を掛けられることがよくあった。何処ゾで会ったことのある小母さんだなあと記憶を呼び興していると、挨拶を返してから母は「アレハ、万世町の八百屋の主人の亡くなったオカミさんの妹さんダヨ」と、いとも的確に開示するには繋嘆させられたものだ。

ところが矢張り八十六という年齢は忘失を序々に深めさせていた。自分が可愛がり育てている花の名を失念するようになってきた来た。バラ、芙蓉はさすが知ってはいたが、道花のライラック、自分の部屋の窓辺に丹精し花咲きを楽しみ、陽が出れば外に出し、日暮れには取り込んでいた桔梗も忘れ、階下で声を掛けアノ紫の香りのイイ花はなんだっけと聞く始末。外のは、ライラック、紫のはキキョウだよ。「そら、フジバカマ、キキョウ、カルカヤ、オミナエシ、ハギ、クズ、ナデシコ、秋の七草と教えてくれたその中の桔梗だよ」に、ああそうかと合点はするのだが、翌日には今度はライラックを思い出せずに聞く有様。記憶力とは別に脳の一部に衰退が序々に始まったのではと、早速、おばあちゃんの勉強帳を作り、いろは四十七文字を縦に羅列しテレビを見飽きたら書けばとすすめる。

二三日後そっと開けてみると、表紙の裏に自分のノートであることを示す、あまじしず恵、という文字が並んでいた。暫くはいろはをなぞっているようだったが、その内子供や孫、曾孫の名まで書くようになり、ハギ、ライラックと書けるようになっていた。

いよいよこれからが私と母との葛藤の始まり。辛い悲しいフィナーレが訪れようとしていた。自転車に掴らせての散策も辛くなって来た。七月の高温多湿、茹だる暑さの中でも欠かさず出かけ、長崎屋店内の靴屋の椅子を借り座らせ、背後からの大クーラーに浸り、噴き出る汗を押さえ西友地下を次の避難場所とした。地下でたまにはアイスを舐めあっていたが、足が自転車を頼っていても、おっくうになって来ていた。

家内が鵠沼の孫の所に行くので夕食は好きなものをとのことで、それなら西友の寿司がいいということになり出かけるが、どうも足もとが心もとない。で三保行きバス停のベンチに座らせ「絶対動くナヨ」と言いながら西友に走る。二つの信号を渡り地下に直行、寿司を二折求め上に出る。なんとオフクロが歩いて来るではないか。しかも交差点を二つも渡って。

思わず叱咤する。

「ナゼいうことをきかない、待っていろといったら待っていろ。それも二つの交差点を通るなんて、もし車に跳ねられたらどうするんだ」

「だって、お父さんがいなくなって心配だったもん」

「何言っている、すぐ戻ると言ったろう。俺のいうこと聞かないのならもう何処にも連れて行かない」に、ベソをかき、もうしないよと。呆れた行為だ。もし万が一と思うと全身に冷汗が。案の定、丸井前交差点で足を滑らせ転倒する。

サッと自転車を止め、抱き起こし「だからベンチで待ってろといったんだ」と大声も出したくなる。それ以後は西友行きを敬遠し、駅銀座中央にある地蔵尊が母の散策の終点となった。多少不満が残るとは思うが、本人の足が付いていけぬのであればこれも止むをえぬだろう。

もちろん、通院のK医院は西友までの距離があり、薬だけの時には私のみ行き、リハビリ時のみ自転車に載せ、腰にシッカリ掴まらせ眼を閉じさせて走らせた。リハビリの間を西友地下をひやかしたが、顔見知りになった店員の皆さんが、このところおばあちゃんが一緒じゃないが、病気じゃないのと声を掛けて下さる。有難い事である。

花の名をド忘れする母も、教えればすぐ覚えてもすぐ忘れるの繰り返しだが、このところ頓に寂しいとか、側にいてとかいうようになって来た。日課の散策は今まで通りだが、小雨でも行きたいと一つ傘に、オバァとの相合い傘の仕儀となる始末。

改装された西友の話しをしたところ、是非行ってみたいのご託宣に、ご案内申し上げる。ゆっくり歩いて辿りつく。随分変わったね、と涼しげな地下をゆっくり歩きながら舎弟にやる刺身、フライを買う。

アパートの四階の部屋に届ける間、母は長崎屋一階クーラー前の靴屋の椅子で涼風に当たらせてやっていた。未だチョンガーの彼に託す母の思いは店屋物でも自前で作るよりは、の親心であり、週に二度は行っていた。

それに応じるように舎弟も、月一回は必ず香華を手向けに寄り、母に幾許かの小遣いを与えていた。毎週の静岡でのボランティアへ出掛ける朝にも必ず早く帰って、と念押しするようになったのもこの頃と思える。家内も半月はパートなので、母一人の時など、待っている母のため早く切り上げていた。「帰ったよ」に飛び出してくる。

すぐに夕菜を温め昼飯に、遅目に帰る家内の分は残して。毎月一回、K寺に二人で必ず墓参に行く。義妹がこの日には清水に来る用事があり、岩淵の帰宅の途次に、寺まで車に便乗させてもらっているが、帰路のJRだけでも有り難い。墓参には母もさすがに一人留守番。「おじいちゃん、たーさん、征樹の墓参りは、おばあちゃんも足がしっかりしたら連れて行く。家でお参りしててネ」、に神妙にアアと頷く六月のこの日朝から雨もよい。雨の日の墓参りもなかなか風情がある。人気の絶えた寺の境内、墓を清め香を焚く。地下の霊に母を頼むよ、足を良くしてと祈念する。

この頃を境にしメッキリ気の張りをなくす母。二週に一度は顔を見せ、小遣いをと置いて行く舎弟も土、日曜はゴルフのためか、二月余も姿を見せない。私に、「どうも嫌われてしまったのかね」などともらすようになってきた。

あの気丈な母がと、「仕事の接待のゴルフは土、日しかないので彼も来たくても来られない事情を察してヤレョ」と言ったものの、夕菜は週二回の差し入れは欠かした事はない、見なれた面では飽きもこようというもののちょっとでもと思えど強制するわけにはゆかず、「余り無理を言うなョ」と責めるばかりであった。少しは気のまぎれる事をと、繁茂し尽し、枯れはてる程見苦しいものはない紫陽花、狭い場所を独占している。母の剪定鋏を手に小一時間汗まみれになり剪定し、束ねる母を止めさせ線路側に放置し、堆肥にでも利用しての作業が、思えば私の母への最後の作業になってしまった。

第五章

七月も盆を過ぎ、連日三十度を超す猛暑に見舞われ、静岡で三十六度を記録するこの暑さに耐えかねてか、気力の鈍化は頓に衰えをみせる。食べるのは特に減っているようには見えないが、口に出るのは、「寂しい、だれも顔を見せてくれない、ツライさびしい」という。

オレがオンブに抱っこし、おかあさんがおいしいお菜を作りご機嫌をとっているのに、そんな顔をすると罰が当たる。一番心配してくれている所沢の次妹には近況をレターはしたが何分にも遠く離れている。近くの弟妹等も顔を見せないのを悲嘆する。「わがままだよ、彼らには彼らの生活があるんだよ」、懇々といってもどこふく風。

月末の日曜の夜、風呂上がり寝衣に着替えず、普段着を着た母。日曜の今日も来なかった舎弟のマンションに行きたい、連れて行けという。「その足で四階まで行かれるのかっ。彼の仕事もいま大変な時、顔を見せないのは、恐らく部下に出すボーナスの捻出に頭を悩ませているはず。来る時は必ず来る。それまで俺で我慢してくれよ」、となだめる始末。

しだいに中元の品が到着する。品物より何故本人が母の見舞いに来ないのか。目と鼻の先に住んでいるくせに。母の気持ちが痛いほどわかるだけに情けなさが先に立つ。年に顔を出すのは何回か。血肉分けたる親子とはとてもとても、たまに道で会っても目礼のごとき慌ただしさ。官吏かなにか知らないが哀れさえ感じる。

習い覚えた大正琴の練習と、カラオケ教室も六月をもって中止する。自分の好みより母の具合を見、適切に指示を与え、共に生活して行くための余裕がなくなってきたからだ。めっきり気弱になり、疲れが目立つ。腰を揉んでやる。この肉のそげた腿を揉みしだきながら涙が自然に頬を伝う。

このか細き腿にて、彼女のウエイトを支えるのが不思議なくらいだ。さすがに揉む手が疲れる。今度は小型マッサージ「トコトン」で代用する。なかなか便利な代物。ただし、電池がすぐになくなるのがタマにキズだが。

十日間もK医院のリハビリをオミットする。今日は絶対連れて行くんだと、自転車に座布団を敷き、乗せて走る。

電気を掛け、注射をする。が、へたなナースで注射痕がはっきり付いてしまう。老化皮膚では無理ないが。リハビリにかかったばかりは痛みはさほどないのだが持続性はない。

暑熱のさかりの頃より母の奇行が目に付く。毎夜、風呂上がりに膝に湿布し上に巻く包帯を外してしまう。折角の塗り薬がと、また巻き直す。しばらくすると再び外す。自分のしていることがわからぬらしい。

熱を心配し、冷凍庫の氷で氷嚢を用意し冷やす。家内から面倒の見過ぎ。介護過剰よ、と批判される。放置して遠くから見守るのがいいのでは、のご託宣。

この日、待望の舎弟来る。心配したとおり、バブルの破綻が株式から商品関係に移行して、てんやわんやとのこと。それはわかるが、まだチョンガーであり一番心配している母の気持ちも察してやれ。久しぶりの顔見せに相好を崩す顔を見ながら、彼に様子を詳しく連絡する。後の後悔先に立たずにならぬよう、と伝えおいたが。深刻に受けとめてくれればいいんだが。

暑ければ洗髪の回数も増えるが止めさせ、セットに行くまで熱い湯にくぐらせたタオルで拭き、ヘアーをブラッシングする。とても気持ちいいよと喜ぶ。で度々することとなりウエーブが取れて見苦しいので、家内の行くヘアーサロンに案内することとなる。

旧盆に入る。寝衣のニューが二、三枚あるはず、探してという。洋箪笥の引き出し、各ケースを降ろし調べるが見あたらず。本人も入れ場所が判からずでは話にならない。その代わり半袖ワンピース、シャツのケースを開け、これは所沢から、これはマーケットから、ちょっとこれはお母さんからよ、と披露する。

よくもまあ覚えていると感心するが、肝心の寝衣は探せども表れず。その筈で常時身の回りの物を入れる袋になんと鎮座しているではないか。「ここに入っている。これだろう」。ああこんなとこに納まっていたっけという始末。

前に治療した入れ歯の噛み合わせが具合悪くなったというので、先の医者に仕方なく出掛ける。二カ月前に作らせた入れ歯がもうガタが来るなんて。ニューの入れ歯がなんで二カ月でガタが来るんだ。私は上町のA医者にかかっているが、入れ歯も五、六年たつが途中繋ぎの歯が外れただけ。それに比べて随分劣るとは思いながらも痛みを放置するわけにも行かず、母の嫌いな梯子段を登らせ診察を依頼する。

出てきた医師はたった二分で診察を終え、クレームを付けると、これ以上補修は無理。入れ歯を代えなければのご託宣。二カ月前に入れたばかりというと、本人の口の具合であり得るとぬかす。要は年寄りはもう結構、いやなら他の歯医者にどうぞといった態度である。家内もここに通っているが、なんと足掛け五年、週一回は治療しており、未だに続いている実情である。もう二度と来ることもあるまいと見切りをつけ、上町は、A歯科医院に私もこの機会に診て貰おうと思い、自転車に乗せ出かける。私のガタつきは即座に、母のは前のはポイで、型どりをされ一週間後にでき上がった。今度の義歯は調子よく、母の口に最後まで納まっていた。ピンからキリまではこの世界にもあるのだと痛感した。

七月七日宵、流灯会である。昼間は汚れの目立つT川だが、夜はそれも消え数多くの灯を点し、流れては消えて行く。母を連れ、家内と共に参加する。母の涼しげなワンピース、所沢からのプレゼントよ、といっていた。

　ゆっくり、ゆっくり歩かせ、千歳橋手前の流し場まで来て流す。亡父よ、なき舎弟たちよ、母を守ってくれと祈念しつつ流す。

　その晩、トイレに起きると母が起きていて、しきりにハンガーに掛かっているスカートの裾を撫でている。なにしてるんだに、明日履くスカートの裾が解れているから直しているという。何を寝ぼけているんだ、と裾を触らせドコが解れている、いい加減にしてくれ。昼間はまだしも夜半まで何で起こすんだ、の怒声に家内も起きなだめる始末。

　収まったので先に家内を休ませ、お説教「おばあちゃん。洗濯、替え衣、繕い、床の上げ下ろし、通院、散策など、俺のできることは全部やっているし、やって欲しいと思うことはいってくれ、但し昼間だけだよ。夜は寝るためにあるもの、昼の疲れをとるのは就寝し熟睡することだよ。自分一人のためにいくら親子でも迷惑掛けてもいいってことないんだよ」に不承不承承知する。

　数日後、風呂上がりの母。自分の部屋でナナンとズロース一枚のストリップ姿。何で寝衣を着ないのかに、どこに置いたかわからないという。探し回るが出てこないので他の洗い替えを着せる。脱いだ寝衣は敷き布団の中に押し込んであったのだ。俺のお袋が、というイメージが薄れていくのを現実に知らされた一幕であった。

毎土曜日の静岡にてのボランティアも今日は気乗りせず、十一時には引き上げる。昼前の帰宅に笑顔で「今日は早かったね」と喜ぶ。冷や素麺に舌鼓をうち一服する。さあ出掛けるか、自転車を引きだし荷台に掴まらせる。どうも腰が痛むらしい。小路を抜けるのも無理と判断。「空模様も悪いし今日は止そうや」と引き返す。

帰宅し寝衣のボタンを付けている傍らで溜息がもう五回、「なんでそんなに溜息を付くの?」にまた溜息。「溜息が出るほど嫌なら俺が外に出て一人になるか」、に首を振る。「その痛みでは外出は無理だ、我慢してくれ」

「そうだ、好物のモロコシが茹でてある、食べようや」とすすめても応えなし。気分悪くし「食べたくなければくうなよ」と先に食べ始めると、やっと箸をとる始末。ついつい言葉も荒くなる。暑くなれば食欲もなくなるのと気を回しているのにドコ吹く風。

私と母との間に離反の芽が萌え始めたのは七月も二十日を過ぎる頃であった。母のこの辺りの気持ちを今は冷静に分析してみることができるのだが。

乳母日傘の恵まれた幼児期から一転し、十歳を過ぎた頃実父の逃避という最悪の状況の中の苦しみ。確かにいまは平和で満ち足りた生活であるかも知れない。それだけにちょっとした意思疎通の食い違いが、八十七歳のいまウラミ、ツラミとなって吹き出し、子供に返った気持ちの中に実父の血を僅かに持っている私。尽くしてくれるのは十二分にわかっている上でダダっ子のように逆らったのでは、と思うのだが。

抑圧された昔のドロドロした思い出。これだけは忘却の彼方に置き忘れること（一番信頼されているはずの私でさえ）、誰にも話すことのできなかった映像が、私の思考を妨害することにより、発散し静かな彼岸を見い出そうとしたのではないか？ と思われるのだが。実際はこのパンチをまともに浴びた私はそこまでわからず、なんでこうもいうことを聞かないのか。ことごとくNO、というのか。

三十三、四度の茹だる暑さの中での毎日のヘルプは、さすがにへばり、起こしてはいけないイライラが出て来るのも事実であった。呆けの進行もかなりで、同じ事を何度も繰り返す、何度いってもまたゾロ繰り返す。もちろん散策も休みがちで、たまに出ても小路を抜ける前でダウンする始末。

二十二日、恒例の墓参、因果を含め留守番に残し、家内と共に義妹の車に便乗する。掃除し供花し香を焚き供養する。母の快癒の早からんことを祈念しながら。

そのころラドン系の温泉の割引券を入手した。これを利用して母と出掛けようと思い立ったが、車がないため、興津、瀬名の二カ所に場所を尋ねる。興津の方はバス停から約二十分、これはとても無理。瀬名は、週二回草薙駅より直通バスがある。これにキーメタと声を掛けたが、他人様と入るのはイヤと首を振る。勝手にさらせと啖呵もきりたくなる。五、六年前まではグループ旅行を楽しんでいたくせに、誰がばあさまのストリップなんか見るものか。折角のプランもパー。

二十五日大暑過ぎ（この朝も忘れられない日となってしまった）、いつも通り速足に階下に降りて母の部屋を覗いたが姿がない。施錠も外してあり、眠れぬままに町内でも散歩しているんだろうと、一回りし帰宅する。なんと母が顔色を変えてつっ立っている。どうしたんだ、と聞いてみると、バッグを落としたという。えっ、バッグってあのへソクリの入っているあのヤツか、うなずく。

さあ大変だ、命の次に大切なバッグをなぜ明け方に持ち出そうとしたのか、という疑問はさておき、行方不明のバッグを探索しなければ、と虎の子のバッグヤーイと血眼になって探す。本人は誰かに奪われたと思っているらしいが、誰がアンタのへソクリを狙うものか。歩いたと思われる町内をアッチコッチ目を皿にして探すが、見つからない。家に戻り、よく思い出せ、置くか、隠した場所はなかったか。に外の植木の所かも知れないに、内側はもちろん、電車側からもくまなく探すがなし。

もしかして、玄関側からキッチンの開きを懸命に探す。あったあった。鉢と鉢との間の草の中に覆いを掛けたように隠してあるではないか。起きてきた家内の怪訝な顔。母と顔を見合わせ愁眉を開いたが、何のために隠したか。被害妄想の虜に何故なったか、早朝に家を出て何処に行くつもりだったのか、そんなにまで嫌われていたのか、という自責の念よりも情けない気持ちが大であった（俺が、何にもまして大切に思っているアンタだよ、できる限り尽くしているつもりだ。他に誰がアンタの面倒を見てくれるか静かに考えてくれ）。

涙が滲んで来る。重大な岐路に立たされている自分をいまハッキリ知ることとなる。母のご機嫌を、ゴムリ、ゴモットモで聞いた場合は、恐らくマイナス面が多いだろう。現に日課である彼女の仕事はすでに私が継承し、残された事としては散策、食事、トイレ、就寝しかない。

八十七歳を勘案するが、まだまだ大丈夫、そのために必要であれば文句もいい、時には小突くこともあるかも知れないが、我慢して貰うしかない。支えは必要であることには違いはないが、そのバランスが支える側に傾いた場合、その負担は計り知れないと思われる。つまり共倒れになる危険を充分にはらんでいることを認識しておく必要があるし、そのために文句もいい、小突くこともたまにはしなければならないわけである。それが母のためにも必要であるからだ。

すでに前兆が現れているだけに、朝晩の供養に亡父、舎弟の霊に母を護って欲しいとただひたすら祈るのみ。

だが現実はさにあらず、日に日に悪化していった。九時過ぎにはもう二十七、八度にアップの室温、冷房を入れ寝椅子をしつらえテレビを点け面白いから見ろよ、にも何処吹く風、ついつい言葉も荒くなる。何処がそんなに気に入らぬ、何故返事をしないのか、声も大きくなる。止めに入る家内。この暑さよ、おばあちゃんにも相当応えているはず。口も聞きたくない時もあるのよ。同じ事をやっているのに目くじらを立てるのではなく、今日やった始めのことをよくやったね、と褒めてあげることよ。

わかっている、わかっているが三十三、四度では、頭にも来る。自分自身ボランティアの気持ちを持続し続けてきて、奉仕している現状を省みてもわかっているのに、他人なれば遠慮し、身内であれば枠外というのは合点が、とは思っているのだが。病院、老人ホームのナース、ヘルパーの多岐に渡る患者の応対に目を、と思うのだが、ピンからキリまである実態を知っているだけに、可能な限りピンを維持していかねばなるまい。

母の好きなテレビに日曜朝十時「大草原の小さな家」というのがあり、大変お気に入りだ。このＴＶだけは見せていた。惑乱の状態に入ってからもこの番組だけは息を凝らし、食い入るように凝視していた。「よかったな」といえば「うん」と大きく頷き、あのキャロラインは可愛いし、とてもいい娘だが、雑貨屋のおかみは、意地悪で小憎らしいね、などと喋っていた。

家内から贈られたスカートが見あたらないから探してくれと頼まれたのは、もう七月も末の暑い午後であった。気に入ったスカートだけにスカートだけ格納してある袋に入っているのだと、オール出してみるがない。他に入れ忘れたのでは、と汗をかきながらアチコチケースを開くがない。そのスカートだけ別なところに入れたんじゃないかと、洋箪笥の前のもろもろをどかして開ける。なんと上にちゃっかり畳んで置いてあるではないか。これだろうと目の前に差し出すと、ああそこにしまったんだ、とおっしゃる始末。自分の置く場所くらい覚えて置けよ、愚痴もいいたくなる。

その夜の夕餉を抜かした母、暑さを受けたかどんなに奨めても拒否。百草丸を飲ませて休ませる。十一時にトイレに降りると起きており、冷やしミルクを欲しいという。

ミルクバナナ、ふかし芋をオーブンで焼きあてがう。旨そうに召し上がるところを見ると腹具合も大したことはないらしい。なのに何故夕餉を食べなかったか。三食にプラスおやつは二回、芋にバナナミルクは欠かしたことのない母が。おそらくは亡失の気が進展しつつある傾向ではなかったか、を懸念することとなった。

焦燥感も次第に加味され、夜更けに二階までそっと忍び寄る気配。耳ざとい私「どうしたんだ」と、ついつい言葉も荒くなる。「寂しい、誰か側にいて欲しい」と言う。側にいてくれないという孤独感が、脅迫感をプラスさせるらしい。「何いってるの、いい年こいて」とはいいながらも、そこは親子、添い寝は不可だがクーラーを入れて側に横寝をした。それが通例化になることを懸念しなければならないのだが。

花の名もとみに忘れることが多くなり、桔梗、ライラック等私に教えてくれた花も小半時も立つと忘れ聞き直す始末。あの記憶力抜群の母がと思うと？　「フジバカマ、キキョウ、ナデシコ、オミナエシ……」と秋の七草を教えてくれた母がである。これが俺のお袋だっ、悔しく、情けない思いが胸を。毎夜、毎晩、時間を問わず、上がる足音、二階に聞こえるがごとき物音、とても寝られたものではないが、うっちゃっておく訳にもいかず出向く始末。

毎日のように続くが身体はさほどグロッキーではない。自分で編み出した両足の体操を風呂上がりに床入り後数分実施するだけで、どんな疲労、だるさもへのかっぱ。ひと晩で除去できると自負しているが、睡魔だけは除く方法は不可である。母の仮眠待ちか、昼の午睡に合わせ、たとえ三十分、一時間でも眠ればと思うのだが、私にも私の生活があり、睡眠のために平常の生活が冒されることは避けなければならないというジレンマに陥っている自分を知るが、いざ解放可能かについてはNOといわなければならない。

完全に参ってしまった。神経質な私、眠りを奪われてしまった私、夜の僅かな私の眠りを待っていたかのごとく、トイレ扉の開閉の音、今夜は頻繁だ。三度まではじっと我慢、四度目、堪忍袋の緒は切れた。階下に駆け下り、叱咤する。

何回いわせるんだ、扉は半分開けてても誰が尻など覗くものか、何故わざと音を立てて人を起こすんだっ、昼間あんなに尽くしているんだ、せめて夜くらい静かに寝かせててくれっ……。シュンと黙す母。終日を片時も離れず面倒見ている俺が憎いのか、おれの身にもなってくれ。夜くらい休ませてくれてもいいじゃないかに、ベソをかきながら頷く。さあ終わり、クーラーを入れ、怒鳴る。怒鳴るとはいっても、たかだか二、三分で元に戻る性質。今宵はゆっくり寝れるだろう。

八月に入る。いよいよ運命の月である。怒らず、慰め、労りをモットーを覚悟する。これを持続しよう。さすれば暦の上での立秋、残暑はあるにしろもうすぐに涼風が吹く候になれば本復に漕ぎ着けられるだろうと、儚い望みを託していた。暑い日中の散策を避けていたが今日は気分も良さそうなので、久しぶりにお参りに行くかにウンという。懸念しつつも出かける。クーラーの効いた長崎屋は靴屋の前の椅子に座らす。

目の前のクーラーの冷気にうっとりと涼しげな母、連れて来て良かった、そのままに置き店内をひやかす。さあ行こうやと促しお地蔵様にお参りする。隣のトラヤも覗き涼気に当たらせ帰る。本人は西友迄を望んでいるらしいが、それは無理というもの。

帰途のＪＲの江尻踏み切りはここを横断する市民にとって全く迷惑な踏み切りで、日中平均六分置きに遮断するための混雑は目に余るが、ＪＲはもちろん、市役所も我感せずで、素知らぬ顔。迷惑を被るのは市民だけ。この日もやっと開いた（上、下二本）歩車道、殺到する中を自転車に掴ませた母を曳きながら渡る。向かい側の横断歩道に車の流れを縫いながら渡るのを横目で見て止まらず我々の寸前で止めた小型荷物車。

この不条理に叱咤し、自転車を止め運転席に駆け寄り「渡っているのが見えないかっ、前もつかえているのになんで急ぐか、横断中なんだよっ」さすがに言葉なし。が母はオロオロし「お父さん止めてよ、体裁が悪い」といったが、私らは何も悪くない、もしアンタに怪我でもさせたら容赦はしない。

母もそれは十分に承知してはいるが、相手は二人、文句を付けてきたらを懸念しているのも承知の上である。「さあ、今日はひと回りして疲れたろう」。確かに夕餉の健啖ぶりには舌を巻くものがあり、この分では風呂に入らせ疲れがとれればぐっすり安眠できるだろうと思った。

あにはからんや、十時前仕事を終えた家内を呼ぶ母、明日も仕事の家内に代わり私が付き添う。クーラーを付け、ライトを消し横臥する。祈るごと、訴うるがごと、ツブヤキが寝入った様子。起きたついでにひと風呂浴びて床に入る。二時前、トイレに起きたついでに覗くと、スヤスヤ寝息を立てている。ヤレヤレと安堵し眠りに。

三時半、日課の時間に目が覚める。四時間も寝ていないのでは。階下に洗面にいくと、なんと玄関のとば口に座って足を投げ出している。もう言葉もかけず二階へ。

次の朝九時前、二階の途中で声が掛かる。何事と首を出せば大を粗相したという。今迄一度もなかったこと。トイレで下着を脱がせ、家内は風呂場で服を着替えさせる。トイレの水を放出し続ける。全くどうなっているんだっ。たった二メートルのトイレ迄我慢ができなかったか。通じがないとT医院の下剤を前日から服用しているとはいえ、催すのもわからないとは。

一件落着しホッとして役所とバンクに行き戻ってくると、なんとまたも粗相、トイレ内でベソをかいている。思わずどやしつける、が下痢腹であっという間に出てしまったらしい。すぐ脱がせ、風呂場に行かせる。下着をトイレ内で洗い、風呂場の加減を見、入れる。替え衣を持ち着替えさせすぐ洗濯を。先に洗ったスカートはまだ乾いてはいず、そのうえに干す羽目になろうとは。情けなさに涙が滴り落ちる。俺のお袋だよ、余りにも惨めではないか。もう口を利く気にならず、二階に引っ込む。

さりながら母の意思ではないことを思い直し、階下に降りトイレ内を再び綺麗にする。昼は抜くという。無理に奨めず、念のため熱を計ると七度あり、すぐ氷嚢で冷やす。気持ち良げに寝たれば氷を取り代え冷やし続ける。三時頃目覚める。おやつにとサツマイモ、バナナミルクを供す。昼抜きだから旨そうに食べる。熱も下がったらしい。

夜になる、今宵は静かに寝かせてくれ、の切なる願いもパー。真夜中まで三度も呼び起こす。暑かろうかとクーラーを入れるかに、まだいいよに、ファンを回し寝る。ウトウトしていると上がってくる気配。ナンダというと、暑いからクーラーを入れてくれに、入れに降りる。いいんだなに、頷く。やれやれ、やっと寝れるわい、と手足を伸ばす。熟睡に入りかけた頃また忍び寄る気配、覚えずどやしつける。いい加減勘弁してくれ、殺したいのかっ、とつい肩を突く。すぐしまったと後悔はしたが母も度々で悪いが、クーラーの冷えがきついので低くして欲しいから、にローにしてやっと収まる。が途中で三度も起こされては寝られたものではないし、三時半には旬の整理に追われ、迅脚の日課もあり、寝る間もないわけだが、身体の疲れはないのが有り難かった。

しかし、仮にもしろ、怒りに任せてとすぐに気づく、許されよ。さあ、気分転換だ。家内が行きつけのサロンT江に予約を頼み、十時前自転車で送りよろしく頼む。やれやれ、昼過ぎまでは解放、母も洗髪セットで気分が解れるだろう。約四時間久しぶりに熟睡する。

港祭り、暑いのに上乗せてきちがい沙汰、バカ祭りに消費されるエネルギー、この膨大なエネルギー、金と人も含めてをなぜ他に転用できないか。祭費は三分の一、半分でも十分ではないか。活性化を呼び込んでの乱痴気騒ぎ、活性化祭りに大迷惑は相性、本、駅前両銀座、巴各町のメインストリートの一般住宅、商店の連中。表の通りにそれこそ所狭しと並べられた夜店、屋台、津波の如く押し寄す群れに、喰われ打ち捨てられたケース、ゴミの類い。

商店も客など入らず、ただ店を開けておくばかり。開いた窓からはバカかっぽれの聞くに堪えない騒音。孫等が来るのを幸い、一人埠頭に出る。今宵の埠頭は小波が静かに押し寄せ、涼風は襟元に心地よい。あの凄まじいばかりの騒音もさすがにここでは蚊の鳴く音にしか聞こえない。

碇場に腰を下ろし母のあんばいを思考する。症状が進めば老人病院、老人ホーム行きだが病院はまだしも、ホームについては二年余通い実態を知悉しているだけに、短期ならばともかく長期は好ましくないと思えてならない。

余談になるが母にも若干関係があるので記述する。小学校時代の一、二年担当I師とは二年の受け持ちの後、他校に転校されたまま完全に疎遠になり五十年も経過した。同窓会を開く予備会に顔を出したところ、二、三の友が師はまだ元気でおられるはず、私に上町におられるらしいI師の消息と、できればお誘いして欲しいと頼まれる。

承知して、ここでは著名なNR店に出かけ訪ねる。七月十日の暑い日だった。案内の娘はシモタ屋を指さし帰る。開け放されたとば口からのぞくと、六畳の半分は物置の如く炬燵も置かれたまま、左側にちょこんと座っているのが母の知っているサンダル先生とあだ名のI師である（丈が低いので当時としては珍しいサンダルを履いて少しでも高く見せていたので付いた由、教えてくれた）。可愛らしい顔、シワの数は随分多くなられたが迷う方無きI師ではないか、「先生、お久しぶりお元気でしたか。わかりますか天路です」と挨拶する。もちろん五十年以上も音信不通であり、何百何千の卒業生を送りだした師であり、万が一にも私の名、顔など覚えているはずがない、と思っていたところ、しばし見られておられたが「のぼるちゃん？　のぼるちゃんっ」といわれるではないか。私の両眼から涙が滴り落ちる。師の細い手をしっかり握り「センセイ、センセッ」と声を。特に秀でた生徒ではなく、いわゆる十羽ひと絡げの私がどうして印象に残っていたのか不思議といわざるを得ない。

乱雑に置かれた道具、よくもこんな中で生活されているとふと炬燵の向かい側を見るとなんと、もう一人ばあ様が座っておられる。師の姉上とのこと。師とはひと回り違われる由。仮に師が七十二、三としたら、八十四、五の勘定となるわけである。暑い盛りに、扇風機もない始末。同窓会のススメも、老骨を教え子に曝すのは恥と、断わられる。

とにかく、会にどうですかの問題ではない。その日は再会を喜び帰宅し、母と家内に近況を聞かせ、お二人にできるだけ協力したいと告げた。そんなにひどいのっ、だってNRといえば老舗で通っているのに何故なの。姉上は結婚をせず明治、大正、昭和の激動期に女の手で守り抜いてきたが、老齢になり親戚より養子夫婦にもらったあげくがこの悲劇となったということだ。

次の日から妻の作る夕餉の菜を毎朝運び、唱歌、昔の話などの慰めが必要と思ったのは通い始めてからわかったことである。小型のファンを入れなければこっちが茹だってしまうので小型ファンを届け凌いだが、それにしても、非道な仕打ちを垣間みた六年間であった。養子夫婦は店舗にでんと居住し、養母とはいえ母と叔母をバラックに押し込め、夕餉の菜は今までは師が店屋物を買い、汁だけは自分で作り用意される由、それも店のすぐ裏で。

私の運ぶ菜を殊の外喜ばれ、今日はなあに、昨日のはとてもおいしかった、といわれると家内にも伝え、家内の腕も上がるというもの。二年経過した晩春訪問すると、待っていたようにおやじが出てきた。もちろん二年になるのに初対面、俺の声は裏から筒抜けのはずなのにだ。当然挨拶だと思っていると、「アンタ俺のお袋の財産を狙うのか?」とぬかす。

なんだと、それが世話になっている人にいう言葉かっ、このざまを見ろ、テメエのお袋の住居なんだよ。よくこんな所に住まわしておくな。財産を狙うだと。人を見てものを言えっと、どやす。ツラを見るのも汚らわしい、と早々に引き上げ、母と家内に様子を告げ、行くのは当分止めにする。

夕方、なんと師がみやげ持参で来られて詫びをいわれる。師が詫びを入れる必要はないのに、やはり叔母、甥のしがらみか。もちろん、傷つけられた心がすぐに治るはずがない。すぐ引き取りを願う。寂しげに引き上げる後ろ姿に、母や家内から先生が悪いんじゃないのだから、堪忍してやって欲しいと頼まれては、師に非がある訳はない以上、突っ張るわけにいかず、またゾロ行く羽目になってしまったが。

五年目になる、姉上は九十を越し老衰は限界に達し、介護の師も八十を過ぎ自分自身を考えなければならない日が近くなって来ていた。十月のある月曜日、(日曜のみ休む)立て付けの悪い戸を開けた途端、ムッと鼻をつく異常な匂い。姉上の粗相が原因らしい。すぐ窓を開け風を入れるがおいそれとは取れるものではない。

渋る彼女の下着を脱がしたが腰巻きをなんと四枚も付けている。はきかえればいいのに上に上にと重ね着したため、鼻持ちならぬ匂いとなってしまったわけだ。老齢ならば注意を促しても無理。すぐオールはぎ取り持ち帰り洗濯する羽目になったが、これから寒くなる時節。夜中から明け方のトイレの回数も多くなるはず。狭い部屋で寝ている師を跨いでの用足しは無理というもの。

それならば、座ったまま用足し可能で値の安い日用品は何か？　そうだあれだっ。「おまる」オマルがある。何処で売っているか、日用雑貨店かスーパーか、薬屋に絞る。手近の薬屋から当たる。おまるなんて非近代的な代物をと四、五軒回ったがなし。諦めかけたが最後に寄ったS薬局でああオマルですか、確か一つあったような気がする、と探され奥より持って来られた。ヤレヤレと支払いし、戴いてくる。師に従い、使い方を教え、昼は問題ないのだから夜だけ使えばいいからといったが果たして？　日曜は休み月曜に顔を出す。案の定使わずその臭いこと。鼻持ちならず我慢して着物も共に着替えさせ、家に持ち帰り洗う始末。もう限界、電話で師の地区の民生委員を調べる。

なんとNR宅の向かいの薬局だという。もちろん面接し、目と鼻っ先にこんな哀れな老人二人が難渋しながら生活しているのを知っておられるかに、まさかNR家のお婆さんが？　そのお婆さんだよ、とにかく一度様子を見に来て欲しいに、ではすぐにと案内する。

開ける途端鼻付く異臭。タジタジとなった委員、外での応答となる。いつからですに、もう五、六年になりますか、に失礼ですがどのようなご関係か？　に小学校一、二年の担任だった。たったそれだけの関係に目を剥いて驚かれていたが、そんなことより民生委員とすればどういう手配にするのかすぐ処置をして貰いたい。個人ではもう限界に来ている。

よくわかりました。市老人福祉課（初めて聞く名前）に相談いたし早急に処置しますが、貴方が一番様子に詳しいので市との連絡が取れたら架電しますので番号を。という事で教え、待機していた。午後福祉課に行って欲しい旨架電で訪問。主事が待たれ実情を聞かせて欲しいとのことなので出会いから今日までを逐一話し、もう個人的なボランティアの限界であり、市福祉課に委ねるしか方法はない旨申し出る。六年もの間本当にご苦労さまでした。後は福祉課で面倒を見ますからご懸念なく、という事であった。

具体的にはどういう処置をされるか聞いておいた方が良いと思い尋ねる。
一、ホームヘルパーを、週一回派遣する。
二、月に一度、ホームドクターを派遣する。
三、テレフォンサービス、心の灯のための電話設置を二カ月後の十二月二十五日までに取り付ける。
四、もちろん、福祉課員は常時見回りをする。
という誠に有り難いご託宣であった。

これで師、姉上との繋がりも完全に絶たれた哀惜が脳裏を覆う。長いようで短い六年であった。私の来ること、必ず持参する家内の手料理の夕菜をオイシイ、モッタイナイ、といいながら口に運んでいる光景を思い起こす。それまでの店屋物を食事の寸前に買いに行き、冷えた昨日の汁を温めるという生活から多少とも抜け出すことが可能だったからだ。

帰って家内に今日の菜はおいしかったと喜ばれたよ、といえば家内も満足し料理に力が入るというもの。私は歌が好きだ、特に童謡、唱歌が得意である。老人たちの胸を開くためにはお説教は不要だ。

九十近い姉上も口をモグモグさせて口ずさんでいるのは、師の好きな「鎌倉」である。我々の教科書には載っていないのだから大正時代の代物であっただろう。それにしてもメロディーの記憶は我々も知ってはいたが、全歌詞を覚えておられるのには驚いてしまう。確か十二の歌詞だが、
七里ヶ浜の磯伝い　稲村ヶ岬名将の　剣投げせし　古戦場　の一番に始まり

建長、円覚古寺の　山門高き松風に　昔の音や籠もるらむ　の終わりまでよくもまあ覚えているものだ、さすがに元教員であると感心させられる。特に静御前の悲恋で知られる

若宮堂の　舞いの袖　しずのおだまき　くりかえし

かえしし人を　しのびつつ

は、哀切を込め唱和したものだ。毎日繰り返す内に自然に覚えてしまった、門前の小僧の類なのか。私のこれらの会見から押して「待つ身より、待たれる身になれ」を痛切に感じ、これからのボランティアのモットーにする事を念願としたい。

家内も母も、市の方に全部任せ市も承認したのだからもう顔を出さない方が良いという。任せた以上顔を出せばトラブルの元、と身を引くことにしたが市が果たして約束したことを実行してくれているか確かめる手段がない。思案して、電話設置期限の二十五日に行けば履行されているか否かハッキリするはずと、てぐすねひいて待つ二カ月。聞くところによると巴の園で寝たきり老人のバスサービスも可能という。

ただし七日から十日に一度という事だがそれにしても、姉上には最上のプレゼントではないか。課員が歴訪しているのであればそのサービスも順調でことによったら、師もその恩恵に浴することができるかも知れないという望みも、なきにしもあらずと思ったのも事実であった。

が、完全に裏切られたと知ったのはクリスマスの翌日だった。

電話が設置されたなら番号を控えなければならない、来たいのを押さえてきた家の戸を開ける。臭気の漂うのは前と同じ。変わっていないんじゃないか、電話は何処に置いてあるのか、何もない。おそらくドクターどころかヘルパーの派遣も怪しいものだ。師に聞く、医者は来るのかい？　医師は始め来たが一度だけ。介護の人も二回。入浴、ああ風呂のこと、一度もなかったよ。頭に完全に来る。

すぐ下着を替えさせ汚れた三、四枚の腰巻きを家に持ち帰り洗濯し、明日に備える。決戦の火蓋は開かれた。開庁の九時に老人福祉課に、昨日洗濯した下衣の袋を持ちながら奥のコーナーに。課長以下席に着いていた。面接し説明を受けていた主事の前にツカツカと進み、「わかりますネ」頷く。今日は二十六日だッ、まだ電話も引いていないようだがナゼ引けないのか。確約した筈、と問いつめる。

イヤー、工事が混んでいるためだと思う（なにをヌカス、二カ月以上通っているんだョ）。グッと我慢し、持ってきたビニール袋を彼の机に放り投げる。

「見てくれ、コノ下着は昨日アンタ方の仕事振りを確かめに寄った時に剥がした三枚だ。洗濯し届ける前に寄ったワケダョ。一体全体福祉課としての彼女へのサービスはどうなっているんだ」

ドクターはもちろん、ヘルパーも顔を出さない。入浴サービスもまだ一度もやっていないのは怠慢、といわれても弁解の仕様もあるまい、といきまく。「両人とも頑くなで、私どもの要請をなかなか承知してくれないので困惑している」との弁明である。老人にもピンからキリ迄あり、それを熟知されておられるベテランの言葉とは思われない。

今日も一度訪ね説得するが、貴課に任せた以上深入りは迷惑と思われるのでこれ以上はタッチを控えるが、姉は九十四、妹は八十二歳になる事を忘れないで欲しい、と依頼し辞去し師のところに、ナント戸にカギが掛けてあるのでは。私だっ、開けてくれ。にシブシブ開ける。ナゼ閉めるンダ、に市から来てくれるのはいいが近所の手前もあり、本家よりも苦情が出ているに、ナニヲ吐かすカッ。こんな冷蔵庫みたいな部屋に押し込み、自分たちはノホホンと何ら手を下さず市のご厄介になりながら、テイサイが悪いダッ、世間体があるからだと、笑わすんジャナイッ。

養母にしても母は母だっ。その妹であれば叔母ジャナイカッ、と本家勝手場に聞えるようにドナる。センセ、アンタも何時までも強情を張っていると、今にミンナから見放されてしまうことを覚悟スルンダナ、と脅かす。

今、市福祉課に寄り最後のお願いをしておいたから言い付けを必ず守り、口答えなどしてはイケナイョ、といい残し洗濯物を渡し引き上げた。この暮れの別れが姉上との最後となってしまった。

忘れもしない四月十二日朝、架電があり、出てみると福祉課に紹介した民生委員のY氏からだ。何事か？　モシヤしての杞憂がズバリ、姉上の葬儀が今朝十時半だという。ということは亡くなられたのは十日か。すぐ喪服に着替えながら勃然たる怒りが脳裏を駆け巡る。NR家はまだしも、ナゼ福祉課が病重しとか危篤とか知らさず、没後二日も経過した葬儀の朝、町内の民生委員により知らされるとは。余りにも人をコケにしたやり方ではとカリカリしながら自転車を……。だがこの想念も師家の前で崩れ去ってしまった。

狭い路地に七八人が、マサカあのバラックでの葬儀とは考えもしなかっただけに、オフクロだゾ、と激しい怒りの押し寄す前、柩の横に打ちひしがれて佇み立っておられる師を見た途端、思わず駆けより「大変ダッタネ」と、肩を抱く。涙が自然に頬を伝う。師も顔を崩される、母も家内も先生を心配してシッカリするようにといっていたと伝えるが果たして耳に入ったか。葬儀車のみで随伴車の用意もない有様。車を持たない私は此処で見送るしか手立てはなかった。

NRの屋台骨を背負い、ついに結婚もされず、明治、大正、昭和、と女手一つで守り抜き、戦後親戚からの両貰いの婿が母屋を乗っ取り、己が裁量のなさを棚にあげ、コンナとんでもない工場など受け継がなければ良かったなど吐かしている奴を選んだ姉上の悔しさ無念さを思い知る時。私はオネエサン、因果応報といって必ず報いが下ると信じて成仏してほしい、と祈り続けるばかりであった。教会に通っているせいか、善因善果、悪因悪果を信じ身を処してきているだけにかかる連中、特に老人をナイガシロにする奴は絶対に許すことはできないし、おそらくロクな死にざまではないだろう。

かくして市内近郊で名の通ったNRの暖簾を守り通した姉上は昇天された。ご冥福を切に祈るのみである。さて後はタッタ一人残された師である。庇いあい扶けあいつつ肩寄せあった老姉妹の片方が死去。面倒を見てくれる親戚知己は誰もなし。荒れ屋に形ばかりの段の上に新位牌が置かれ、香の香の漂う中でポッネンと座す師を葬儀の翌日の午後様子を見に寄ったとき、哀れさに落涙した。

葬儀に参列した身内の中にカソリックの服の尼僧がいたが、以前聞いたところでは姉上の従姉妹という事だった。それならば師にとってもイトコになる筈……。親戚である以上に聖職ではないか？　この窮状を見過ごしにしたままよくも帰れたものだ、と怒っても無駄だった。

去る者は去れダ。とにかく彼女の支えが必要だ。私をおいて他に誰がいるというんだ。フッフツと闘志が沸き上る。一旦帰宅し、家内、母に援助再開を告げる。母などは涙を流しサンダル先生がカワイソウ、できる限り面倒見て上げてね。家内は家内で、「お菜を届けてあげて元気を取り戻せばいい、がおそらく他人の家とも覚しき部屋に位牌を守っているなんて、余りにも可哀相ジャナイッ。老人ホームに入れてあげる手段を考えてあげたら」と言う。

その通り、母にさえムゴイ仕打ちの彼らが、赤の他人になってしまった師の面倒を見るどころか、出てゆけヨがしの態度に出るのはあきらかだ。今のうちに何とか口説きオトさねばと思考する、と同時に師の受入先（公共施設）を早急に決める必要あり。市老人福祉課に姉上の処置に対する不満を陳情し、併せて師の老人ホーム入りを有利に、そして早急に。

「お悼みいたします」「残念です」寄せられる言葉もウツロに白々しい。

今日は師の処置に付き来たのです。気落ちして食も進まぬ有様で一度病院で検査の要があると思いますが。に今まで出向していたか、転課で来られたか、初対面の青年が様子は承っております、今後は私が面倒をみます宜しく願います、という課との付き合いにおいてまともな挨拶に、コチラこそ是非宜しく願いますと叩頭する。私を見つめる眼に彼の真意が込められていたからだ。

彼、Nくんは二、三日毎に訪ね町内のY医院に行くことをすすめている由なので、私も極力一度珍てもらえというのだが、あのガンコ婆メ。アッチは北の方角だからゲンがワルイからとか、今日は仏滅、三隣亡などと左右され、いっかな行きそうにない。業を煮やし自分の体だョ、自分がその気にならなくてはドウシヨウモない勝手にしなさい。と二、三日捨ておく。

それでもと福祉課のN氏に架電し様子を聞く。エエ、何とか了承させ診断させました、といわれる。よくもマァあのガンコ婆を承知させ連れて行ったと感服した。その足で師のもとに、ヨク行ったなあに、アアまで粘られては往かないわけには、との返事。

それに検査が終わるまで待っててくれているなどとは思ってもいなかっただけにどんなに嬉しかったか、有り難かったかというではないか。Nさんの福祉のこころはかたくななバア様の気持ちを解ぐしたといってもいいだろう。検査も特にいうことなしでマア安心はしたが、四十九日を過ぎてもいっかな動こうとはしない師に苛立ちさえ感ずるようになってきた。

どちら側も頼りにし、されて過ごした三十年の二つの柱の一つが倒れてしまった今。これからの身の処置を早急に思案しなければならないのに、身内の面倒もロクに見てくれないヤツが出て行けよがしの態度の毎日になぜ耐えていかなければ、と不可解に思え顔を出す日々だった。

母も家内もそう言ってはいけないという。たった二人の肉親、ボロ屋であっても過ごした懐かしい思い出はハタから思うほどソウ簡単に忘れられるものではないから、ソッとしてあげた方がよい。と言われればわからないでもないが、とにかく市営老人ホームに空きを申請する手配をN氏に依頼する。一応余裕を見てくれるとはいってくれてはいるが。もう二カ月は経過しようとしているのに、ドウシテナンダ、と考えているうち、ハッとする。

そうだもうすぐお盆、姉上の新盆の供養を此処でやって上げたいと思っているのではと気づく。お盆だネ、ここで仏様の供養をやって上げタインダねに、肯定される。無事に供養も終える。暑い日が容赦なく続き、通うのも説得するのも汗だくの日々だった。喧噪大迷惑の港祭りもヤット終わり、福祉課のN氏からも、モゥそろそろ入荘の支度をともいって来ている状況になって来ていた。

まだ尻を上げようとしない師に業を煮やし、イイ加減にしてくれ。何時まで待たせればイインダ。Nさんもソロソロ決定してくれないと、といわれているのだ。にもうすぐ旧盆ネといわれる。そうか、彼女は矢張り明治の生まれか。新盆をやったばかりに旧盆まで、此処でやりたいのか。こんな居場所の悪いのも苦にせずに。

小さな経机に位牌を据え茶碗に盛った飯に指した線香の香の揺らぐ中、両人並び合掌し冥福を祈る。終わって対面させおもむろに口を開く。先生ッ、さぁこれで姉上の供養も終わった。もう心残りはないはず、とダメを押す。うなずきがか細い。

言葉を励まし、センセイッ確かに全然知らないトコロ、知らないヒトたちの中に入る事の不安、心配はわからないでもないが貴方は教師だ。何百、何千の人たち（性格も当然千差万別）を送り迎えした経験者であられるはず。荘の中に入り溶け込むなどいとも容易であると思われる。

後は貴女の決断あるのみです。完全に他人の家と化したこの宅。此処が貴女の余生の住みかとも思っておられるなら話は別ですが。絶対にそうではないし、姉上も貴女といっしょならばご位牌と共にどこへでも行かれると思われますよ。

それにこれ以上福祉課を待たすワケにはゆかないことも頭に入れていて欲しい。念を押し引き上げる。これだけいえば観念せざるを得ないだろう、が移るのが決定したのが半月後になるんだから恐れ入る。

九月始めに移ることが決定した旨福祉課より架電を受けたときは正直いってホッとし、全身の力が抜けてゆくようであった。まだしなければならないことが残っている。M荘に行き荘長に面接し、師の今までの経過実情を説明し諒解を求めると共に、同室予定の皆様への挨拶があったからだ。

荘長に面会する日、八月も末の不安定な空の下出掛けた。灯台入り口のバス停で降りると指示され降りたが、掲示もないままに土地の人と思われる人に尋ねる。ああM荘ネ、ここよりバス停三つ前松原入口で降りるんだわといわれる。オカシイナと思いながらも戻ることにする。どうも迷ったらしい、と気づいたのはS閣の看板が道案内に掲示されているのをだいぶ歩いてから見つけた時だった。

音と訓で違った所を教わったからだ。出る時は日も射していたので傘を持たずに出掛けたが、今はかき曇った空からポツリポツリ降り出す雨。サァ、弱ってしまう。四、五軒先の魚屋の店先に飛び込み、今度はホームM荘の名を出て聞く。アア、間違えましたネ、方向も違うしマダ三キロはあるのでは、にガッカリするが約束ではあり、電話を借り架電し窮状をお話した所、諒解され車を廻して頂き助かった一幕もあった。

同乗する車はMホテルを通過、灯台下を左折する。駿河湾の白波が渚を洗っているのみであったが、晴天ならば富士山は真正面に。その裾野を愛鷹より伊豆は万二郎、万三郎岳から石廊岬まで一望できる絶景の場所。灯台から真岬に至る付け根の一角にM荘はただずまいを見せていた。素晴らしい場所を占めているではないか。日がな一日中この素晴らしい景色の中で暮すなんて、もったいなくて涙がこぼれるくらいであると思われるが。

荘長に会い、車を廻して頂いた礼をいい、すぐに六年間の経緯を忌憚なく話をする。福祉課よりも聞かれていたらしく時々頷いておられ、よくわかりました。六年間も大変でしたネ。後は我々が引き受けましたからご懸念は入りませんに、是非ともよろしくとお願いし、入室予定の四号室に入居の挨拶の許可を受け三人に手土産の品を渡し、宜しく指導をお願いする。帰宅し様子をふたりに話し安心させる。

だが師との絆はこれで終わったわけではなく、週に一度水曜を訪問日に決め、一年余り様子を見た。そのことで日に増し反感を買おうとは思いもよらなかった。部外者がひっきりなしに来るのに、肉親でありながら年に一度も訪ねても来ない入荘者のやっかみを買うというのが私に対する表向きの断りであったが、果たして。母の調子も悪くなっていた頃でもありこれ以上の奉仕も必要がないと判断したからだ。

第六章

一年余りM荘に通いつぶさに実情に接し、第一印象とかけ離れている点を把握しただけに、今母の早急の処置を考えなければ、に頭を悩ませる問題となって来ていた。旧軍隊と同じ如き古、新の区別、及ばずながらその垣を取り除く小さな努力にも余計の世話。とでも言いたげな態度を体験したことと、この後で参加した「老人の福祉を考える」というゼミで、医療ホームの実態に接してからは、一層母だけは在宅介護を押し通そうという意思を固めていたのだったが、実際のところは、介護の重荷に夫婦共に潰されてしまうのではの懸念がひたひたと押し寄せて来ていた。

この苦しみを誰がわかってくれよう。わかろうともしてくれない、が母は見ている。トコトン面倒見よう。見なければ亡父は無論、先に逝った舎弟達に対しても申しわけないと結論した。とにかく今までの母に戻すのが先決である。そのためにはもう言いなりにならない。言うことを聞かねばゲンコツをお見舞い（もちろん、小突く程度）してでもと覚悟を決める。正常に戻すためだ、どうぞ許してくれよ。

狂騒の祭りもヤット収まり、暦では立秋でもまだまだ暑い日が続いていたある晩、暑苦しさにか半柚とパンツの軽装。オイ、風邪をひくぞと寝衣を付けさせようとするもこれでイイよに寝かす。夜半トイレに行きライトを点けて見る。小を漏らし濡れたパンツは廊下に放り出してある。すぐに下衣を付けさせ寝衣をかぶらせようとした手を遮る。風邪をひくぞ、にセットした髪が乱れるからイイ。にもういい加減にしろと頭を小突く。ヘアが乱れるのと、風邪をひくのとどちらが大切か、に悪かったネと謝る母に着せ変える。

カッとなる気を押さえることもできずに済まないと腰を揉みながら、風邪ひきは年寄りにとって肺炎に繋がる最悪の状態だ。くれぐれも気を付けてくれ、に頷いてはいたが、果たしてわかってくれたのか。母の様子を舎弟に知らせ明日は日曜だ、顔を見せてやってくれと頼む。床屋の帰りに寄ろうという。母に知らせず驚かせてやろう。

家内にもし私の留守に来るようならば待つように依頼外出する。入れ違いに彼が来たらしいが線香を上げ母に小遣いを渡しすぐ引き帰したらしい。もう少し待っておればイイものを。それでも二カ月ぶりに会ったと、嬉しげに話し、この小遣いで西友まで彼の好きなものを買いに行こう、に思わずダイジョウブかと声をかける始末。

さいわい、珍らしく涼風の吹く中を出掛ける。自転車で出掛けたが祭りの余韻が残りザワめき、子らの姿もかなり見受けられる。その中を選って進めて行くのだがどうも心もとない。三、四度ベンチで休ませたが肩で息をしている。

コレハあきまへん、とユックリ引き返す。K屋のクーラーの前に座らせ、待っててくれ、舎弟の好きな物を買ってくるからナ。自転車だからすぐ戻るからな。西友の地下につっ走る。あれこれ見定め買い、四階の彼の部屋のスペアキーで開け、品を入れ引き返す。いい気持ちそうにクーラーに当たり居眠りをしている母。サァぼちぼち行こうや。

置いて来てくれた？　アア酒のつまみ刺身、干し魚、ウインナーなんかだョ。そうかいそれはヨカッタネ、と喜んでいた。いくら歳は取っても子は可愛いものなんだなあ、とつくづく思いしらされる。特に彼の場合は五十二、三にもなるのにまだ未婚のままだ。母としてはやはり一番気がかりであったろう。私も随分心掛け見合いも二度や三度ではなかったが、いずれも不首尾に終わった。現在の女性の思考は職場で勤務を続け、エキスパートとしての評価に対する報酬を心おきなく消費、青春を謳歌している傾向が見受けられる。

彼の仕事は世間ではあまり知られていない商品売買という職業だが、余り良い響きには受け取れなかったのでは。それが不満だと健康な時はウイークデーに彼の部屋の掃除、寝巻きの洗濯には四階まで七十二段、倍の一四十四段を上下したものだった。年を取ると孤独になりがちである。一人にしておくことがなおその傾向を深めていくものである。

人嫌いの年寄りがいるのも事実であろう、が人嫌いにさせた原因がナンダッタか考えられてはいなかったかを、老人福祉の問題の一つとして大いに思考されるべき問題であろうと思われるのだが。舎弟にしたって二カ月ぶりに会うというのに五、六分いただけというのもイタダケない話だと思うのだが。二カ月もご無沙汰しているのに、四、五分で帰ってしまうとは。せめて最近の容体を聞き私の戻ってくるまでナゼ待てなかったのだろう。

母の顔色を見ればかなり二カ月前とは様子が変わっているのに気づいたはず。それを私がいないことを幸いアタフタと帰ってしまうとは。最も彼はまだイイ方か。同じ所に住んでいながら、ここ半年以上も顔を出さない者に比べてマダましかもしれないが。私は不思議に思うというより理解に苦しむのは、今の傾向に反し、余りにも姑息な思考といわれることも承知の上で敢えて書き記したい。

己を生み、慈しみ育み育て、各学校にも通わせ、ヤット成人にまで育て上げ、息付く暇もあらばこそ、サラリーは当然のようにおのれのポッポに入れ、親に差し出すためしのない子等、四、五年すれば結婚の大役。ホッと一息付く間もあらばこそ。ヤレ、マイホームの資金援助、加えて親子同居の拒否、等々言うがままに振り回されたあげく、年寄りの面倒はご免の態度では余りにも情けないではないか。

自分一人で大人になったと思う心が驕慢であり、唾棄すべきではないか。父はすでに逝き、残るのは母一人ではないか、その母も早八十七。炎熱に体調をくずしているのに見舞いにも顔を見せないのは、と憤怒にかられていた。確かに嫁は来てくれたが、彼は私が次妹にレターで母の容体を知らせるとき追記した文句に、やっと重い腰を上げて来たので厳しく非難し、後であの時こうしておけばとか、ああしておけばとか悔やむことのないようにしておけよ。タッタ一人のオフクロなんだぜ。

母の顔を見て、様子がかなり悪いと感じたらしく母に容体を聞いていた。半年ぶり以上の面接で顔を見ただけでも嬉しかったらしく、しきりに二人の孫の様子など聞いているようだった。彼も久しぶりに来て、話をしただけでもつながりが切れてはいないと思い知っただろう。

もしこの日の面接がなかったら彼は入院後の、ものもロクに話さない母としか対面できなかったろう。私は長兄であり母を見る責任を負わされている。弟妹の期待も絶大であることも認識しているつもりである。しかしだからといって私一人の母でもないわけである。

もちろん、家内も一心同体で尽くしてくれてはいるが、二人でも手に余る時があったら、誰か血の繋がった者の助けが欲しいと思うのは当然であろう。私はふと毎週出掛けて八年目を迎える、静岡は北安東のT.S翁を考える。教会の確か老人慰問だった。宴たけなわに翁が自慢のノド、詩吟を聴かせてくれたそのお返しに、亡父に仕込まれた詩吟の内「富士山」を吟じたのが縁となり、北安東のお宅までボランティアに通う仕儀となった。

それは八十になった老人がタッタ一人で生活している事実。もちろん彼の支えは必要である。S市の郊外より、次女が世話のために毎日通っている姿にも打たれるものがあったからだ。翁は四年前に夫人を亡くしており、彼を当然介護しなければならない息子は、五十を過ぎるのに未婚のまま高校教師として大阪Y市での勤務のため、図ずも向こうでの生活を余儀なくされている実情であり、長姉は嫁ぎ、栃木にいる以上、どうしても負担は末娘のR姉に懸かってくるのも止むをえない。が、二つの世帯を抱えるのだから大変な苦労であり、加え実父が八十とあっては健康管理にも目が離せないなど相俟って、その苦労は察するに余りあるものがあった。

現に脳の欠陥でこの三年間で二回の短期間だが入院をしている。然し彼女は決して挫けず、最愛の夫人に先立たれた翁を介護される健気さに頭の下がる思いを感じると同時に、母の場合をダブらせて見習わなければと思うのだった。

Xチャンの家庭に育った娘が、老いて母に先立たれた父を看取る。それも好感を持たぬ主人との軋轢をぬい、東京勤務の彼の月曜から金曜昼まで泊まりがけ、金曜の夜帰宅する主人に歩調を合わす生活の繰り返しを知り、それでは私が土曜の朝から昼迄を受け持とう。と告げ、今だに実行しているわけである。翁のことに触れてみよう。

三重県は鳥羽市近郊の著名な地主の四男坊として生を享けたが、中学入学前後に家が没落したため大阪に出る。学校は大阪逓信校、卒業後たまたま下宿の近所に教会があり、関心があったので通っているうちに、最も自分が信ずべき宗教であると思われ受洗された由であった。

勤務の都合でアチコチ移られたらしいが、教会には休みなく通われ、牧師が英米人であったのが幸いし、英語教師の資格を取り、官吏の最後の勤務地である長野、この地での教会で一生の負託を託する君と出会い、交際後に結婚された。

翁の三十四、五の頃であったろう。長野から静岡に移られた経緯は詳しくは知らないが、県西部の県立N中学校に教諭として勤務された。この間およそ十年か、娘二人息子一人の子宝に恵まれ、おそらくお二人にとって充実した日々であったろう。翁の趣味の短歌、墨絵は才能を発揮し、夫人の短歌と共に短歌集を発行されたようであった。

県都の私立A女学校に転校された経緯は知らない、がおそらく教会の斡旋があったからと、地方より県都心に移転する事により、子女の教育に資すると思われたに違いない。北安東に居を構え生活をエンジョイされたわけである。彼の素晴らしさは自宅を開放し、英語塾を開くと共に、苦しみ悩む方々にボランティアを奉仕し協力するなどされた由。その風貌はおおらかで、彼に接するとき春風駘蕩の気をそこはかとなく感じるのは私だけではあるまい。

もちろん、八十年を明治、大正、昭和、平成と苦難の時代に過ごし、人を教え導く教師としての責任は十二分に承知されてはいただろうが。何百、何千の卒業生を送りだしたか知らないが、彼から叱責されたことはあっても殴打された経験を持つ者はおそらく一人もいないのではあるまいか。

彼の強い信仰は常に自信に満ち、我が後ろには、恩寵に満ち給う神がありみそなはされているという、確固たる信念が、去年米寿の祝いを祝福されるまでになったのだと思われる。ただし先に書いたようにもう老体であり、すでに脳外科には二度も入院し、月二回はリハビリを受けている状態であり、その付添いも必要となって来る。

それをR姉はオール一人でこなしている。二言目には「オトウサン、お父さん」と呼び掛ける言葉のハシハシに親と子の絆の探さを垣間見る思いであった。献身的という言葉は軽々しく出るものではない。がR姉の行為に対しては、称賛の言葉を惜しみなく与えたい。

翁宅の三軒東隣に住む0姉も翁とは転居以来の付き合い。母より二カ月後の生まれである。彼女も私が翁の家に通い始めてから、私たちの歌声に引かれてこられた方だった。彼女は県西部S付近の豪農の娘。土地の小学校を卒業、S市A女学校入学、寮生活の五年間楽しい時代はその時だけだった。と彼女がいったのは、卒業と同時に一面識もなかった人との見合いによる結婚、市内での転居などあり、大正末期、昭和に入ってからの実家と完全に離れた生活は、予想以上に大変であったろう。
戦争に突入し、末期にはS市大空襲、命からがら逃げ回りヤット終戦。病気がちの主人と一人息子の生活を考え、下宿がベターと判断。学生を主体にとアチコチを物色しここに居を構えたという。

ここはほとんどが田んぼで宅地はごく僅かしかなかったらしい。病臥のご主人も昇天され、息子も成人されて就職し、ホッと一息付き五、六年が経過しての結婚。肩の荷を下ろした思いであったろうが、運命は余りにも苛酷である。ご子息は一歳の幼子を一人残し病没されてしまった。二人の寡婦は子と孫の成長をのみ楽しむ日々となって年を重ねることとなったわけである。その前後にすぐ隣りに宅地を買われた翁が新居を建て転宅されたということである。

老人（母も含め）は年齢を重ねるごとに人恋しくなるものである。年が変わる前に出される賀状辞退の挨拶状は、年取るごとに増えて行く。孤独にならざるを得ない運命を背負っているのである。いくら自分の信仰に徹底したところで、宗教家でない限りは一人で生きて行くなんて土台無理な話である。老人は我々の先輩であり、先達者であるならば彼らの進んで来た、吸収された諸種の知識を頂戴し、我々の身に付着させる必要があるのではないか。と愚考するのだが、確かに話がクドクなる事は我慢することも止むを得まい。

とにかく決めた日時に、その先輩たちが私を待っておられる。私は待たれる身である、の意識を持ち続け翁たちの身体の調子で断られる場合を除き、毎週通って昼飯を交えての団らんは、最初の約十五分のセレモニーで始まる。祈祷、讃美歌、聖句朗訳し、主の祈りをもって終わるのだが翁らの信仰の支えとなると共に、神がこの場にいたまい、見そなはされる実感を知ることは次の団らんにもよい雰囲気となって現れた。

二十歳以上も離れた年代を結ぶものは何か？ を考えた時、やはり歌しかないと思い、県老人福祉協会が発行している懐かしい愛唱歌集を手に入れ配布し、童謡から始まり愛唱歌からナツメロと交互に、二、三曲歌い休憩をとり負担をかけないようにしたが、驚いたことはメロディーはナツメロでも翁たちがほとんど知っていたということだ。

あの謹厳実直で讃美歌しか知らないと思われる翁が、古いメロディーで「東京ラプソディー」、比較的新しいので「娘よ」を知っていたとは……。もちろん軍歌などはオールといってもイイ。「戦友」などは歌詞なしでオール歌えるタノモシサ。さすがの私もタジタジである。

歌ばかりでも能がないので一週間に起こった政治、社会のトップニュースを社説などの解説を踏まえ、状況を私見を加え聞かせ、考えも訊ねるなどし老化を止めることを留意した。A紙連載の「彼らの流儀」は初めから切り抜きしたのをロハの職業紹介紙に貼り（一冊で充分間に

合う)、一話ずつ朗読し聞かせたが、相当印象に残り次に読むのを楽しみにしてくださってい
る。

この切り抜きは楽しい。朝夕の小説、天声人語、Q&A、「それから」と夕刊の社会的連載物。家内には料理メモを渡し重宝がられている。だから新刊本をわざわざ買う必要はないし、利用度も高い。連載が終了されてからだいぶ経つが「フジ三太郎」は時流をコミック風の漫画に、それもタッタ四コマに纏め読者の関心を呼び、同じ事象もこの角度から見ると反対の結末になることを教えられることも多かったのを覚えている。とにかく身辺に常に話題を持っていることが、飽きさせないという、持続の必要を自然に身体が覚えさせてくれていた。

昼飯のコシラエは私の任務。家内に支度させ持参した菜で自分の味付けし、出し賞味してもらうワケである。オール入れ歯の翁たちだけど、毎度毎度米粒を食べているはずなので、たまには麺の類いもよろしいのではと、夏は冷やしソーメン。冬は熱々のうどんそばで、具には夏は油揚げ、冬はエビの天ぷらを入れ、たまには家内の作る寿司を持参し、添え汁にネギの清し汁を作って差し上げた。汁の中にはウマミを出すため食パンの耳をそぎ入れたが、これが何ともいえぬウマミとなって好評を博す結果となったが、これとても翁の残した朝のパンの利用として考えたものである。

いま、思い出したが西隣のK姉は翁より二歳年上の真に品の良い老婆であり、我々の歌声に魅せられ顔を出されるようになられ、土曜日の来るのを楽しみにされていた。驚嘆したのは百人一首で、私の読み上げるソバカラ取り上げられた。昔とった杵づかというが、年齢は取られても見事というしかない。彼女の最も好きな歌は「一の谷の戦やぶれ　討たれし平家の公達あわれ……」の哀愁を帯びた、青葉の笛であった。老衰で自宅介護されたが、翁の都合で私の来ぬとき、家人のスキを窺い、はだしで翁の部屋の窓を叩いたこともあったという。

養子が自殺という不幸に会い、八十過ぎの身に応えながらも悲哀を些かも見せなかったK姉も没って五年になる。いまでも彼女を思い出し、姉の一番好きだった「青葉の笛」を合唱し、あの優しかった面影を偲んでいる我々である。

翁宅に通うことになってから母は、ナルタケ早く帰ってネと言い出していた。今から思えば、昼を共に食べたかったのだろう。家内と二人だけでは多少とも気兼ねがあったのかも知れぬ。もう四十年も付き合っているのに嫁、姑の垣がとれていないのかなどとは当時は思いもつかなかったのだが。

「昼を楽しみにしている年寄りだョ、昼飯を作りすぐ戻る」といい残し出かけ、何処も冷やかさず、ストレートに帰宅。カエッタよといえば笑顔を見せ、かえったカイ、早かったネと喜んでいたが、もう翁宅に通うなどとても考えられぬ状態になって来ていた。母の気持ちを少しでも鎮めようと考えたが、歌は自分から歌うことはなく、聞く方も仕方なしという態度であれば、私のノドを聞かすワケにもいかず思案する。

そうだ、大正琴がある。丸二年月二回で約五十回ではトテモ人に聞かす腕ではない。それに調子が悪くなってからは全然弾いてもみないのだから自信は全くなかったが、慰労し、かつ自分の練習のためにも良い。愛唱歌、童謡を弾けばメロディーに乗せてけっこう口ずさむではないか。爽やかな大正琴の調べが母の鬱血した気持ちをほぐしたかもしれない。

二、三日便通が滞ったので、家内にT医院で下剤を貰ってくるよう頼み、寝しなに飲ませ結果を朝聞く。通じがあったと聞き安心した。が、午後医者へ行こうといったのは、二十度という冷えを感じる陽気であったからだが、結局行かずじまい。下剤がオール出ない場合を懸念してのことであったが、案の定汚したと差し出す始末。不安に思い肌に触れれば熱があり計測する。なんと七度五分ありコリャ大変と、氷片をビニール袋に二個造り首筋と頭に当てる。

嫌がるのを先生の言い付けだからと黙らせ、冷やし続ける。当ててる間気持ちよげに眠り続ける、その間に側で仮眠する。時間余の久しぶりの熱睡に軽くなる身体、計測する体温は六度七分、アアよかったと安堵する。年寄りに風邪引きは大禁物である。風邪は肺炎を引き起こす確率が高いし、肺炎は老化してしいる内臓にダメージを与えかねないからである。

出すものを出してしまい、昼抜きの元に戻した身体は食欲を欲していた。家内が作った夕飯の焼きソバ大盛りをペロリ、たいした胃腸だ。その夜の母グッスリ熟睡の連続、トイレは一度起きたのみは、ここ四、五日眠りの浅い私としては睡眠を取ることとなり実に有り難かった。

温かく包み処すことが効果を上げたのは違いないのだが、それと共に暦の上での秋に入りての暑熱の下げをも期待したい。涼しくなり、過ごし易いことが老齢の身には一番いいのでは。しかしこの平穏も長続きはせず、ヤット熟睡が取れるようになった途端、夜更けにトイレに起きたとき下衣を濡らしてベソをかいている。年齢取れば活躍筋の働きも鈍くなるのは仕方がないんだ、余り考えるなよ。それより早く着替えないと、風邪を引くと大事だ、と着替えさす。すまないね、ありがとう、を聞きつつ休ませる。

鵠沼の孫たちが、夏休みを利用して三泊四日の旅の最後に宅に寄ったが、その時の母の喜びようは、暑いからとアイスの差し入れ、小遣いも与えていたようだった。それが祖母と曽祖母との最後の別れとなったのだった。その夜なにを興奮してか、寝ついている私を二階まで上がって来て呼び起こす。自分でも悪いと思っているのか、降りていく気配。暫くするとまた上がって来る。五度目だガマンの緒が切れる。

階下に降りる際足を滑らせドタン、尻を強く打ち指も怪我をする。イイカゲンにしてクレッ、夜くらい寝かしてくれないか。オレが倒れたら誰がアンタの面倒ミテクレルと思う。とつい大声を出し、詰め寄るサワギに、家内が取りなし母の側で添い寝し騒ぎは収まったが。

私は何でこんなに迄させられるのか。ケガをしてまで一体何をしたというんだ。憎悪さえ覚え、ついに一睡もできない自分が情けなく、哀れでさえある。この寂寥感、誰がわかってくれるというんだ。自分がいま一番大切に思っている母に、いくら疲労困憊したとはいえ、ドヤし、コズクなどとは……涙が自然頬をつたう。

それでも事態は悪しき方に転換することはあっても好転することはまず有り得ない。それならばその運命は母と伴に背負ってゆかねばならない。喜怒哀楽の漂う彼方、それは善き結果になるか、悪しき結果になるかは神のみぞ知り給うである。

私たちだけ、誰一人の扶けの手もないままに生きなければならないのだ。接待で行く歌舞伎座を断わろうという家内に、日帰りだ、オレが付いているから行ったらいい、と無理に行かせた。

安定剤を出して貰い前夜服ませる。薬が効いたのか良く寝たようだったが、早朝出発の家内を送り、さて朝飯前の仮寝で溜まった寝不足を緩和しようと床に入りグッスリ。二時間も寝たか、トイレにと扉を開くやナント垂れ流した上に鋳座しベソをかいているでは、もうドヤす気持ちも失せすぐに処置をする。ナンヤカヤいったところでできたことはしようがない。その前の処置に遺漏があったことにクレームを付けなければいけないのだが、疲労困憊の我が身にすれば限界だという諦めもあったのも事実だった。

旧盆に墓参に行くことになり、息子の車に母も乗って行かせる。虫が知らせたか、留守番の母を家内の代わりに車だからと墓参させたが、生きて墓参をする最後となってしまった。香を焚き花を上げ祈る、亡父よ、舎弟たちよ、母を護ってくれと。母も神妙に手を合わせているが何を祈念しているのか。久しぶりの墓参に今日は落ち着いて静かである。

盆の土曜の休みで珍しく二カ月ぶりに三弟が来る。バブル崩壊で株同様、商品市場の支店長の彼もいろいろ頭を悩ませているらしい、がそれでも盆に焼香しに来る心がけが神妙である。母も喜んでいたが、私は最近の容体を話し楽感を許さない含みを持たせた。彼もそれとなく察したらしく、私に大変だろうが頼むといい、母には兄貴たちにあまり世話をかけるなョ、と小遣いを渡し帰って行ったが、俺たちの苦労をどれだけ理解したかは疑問である。

以後は完全に母の捕虜《とりこ》になってしまった。纏はりつき離れぬ母、もて余しながら月末前には仕事を任されている家内との調整。というよりも、果たしてオレが一日中平静な気持ちで介護できるという、自信が持てないことに不安を抱いての算段だった。全く酷である。

盆過ぎの暑気は朝から籠り、ファンだけでは払うどころではない。簡易ベッドをしつらえクーラーをオンし、さあ少し昼寝をしろよ、とすすめても寝るのはせいぜい五、六分。顔をテレビ側に向けても時代劇が掛かっていなければ自分で切ってしまい、見たくもないわ、と涼しい顔。そうだそれならば庭木の剪定、朝昼夕の水かけ。これならば自分自身の存在を認めさすにも効果があるとはわかっていても、十分もすれば終わってしまうのが難であったが。もう散策はムリと考え、この時間が彼女の僅かな憩いの時間となってしまったわけである。

十九日の迅脚から戻ればナント、トイレの中で自分の小水の湖の中に座している。なんですぐに着替えないのかッ、と叱咤し、濡れたものを脱がし風呂場に連れてゆき、温かい湯につかわせる。その間に替え衣を持ち着替えさせたが、これが俺のオフクロかと気恥かしい顔をしている母をしみじみ眺め、胸を締めつけられる思いであった。怒っても、口説いてもこのままの状態は変わるわけがない。

どっちにしろ、茨の道は果てしなく続くと覚悟はしていても、日中は監視は可能だが、夜中明け方の区別なく呼び起こす声、情けなく自然に涙が溢れてくる。夜半ノドが乾くからというので氷片を口に含ませ、残りをコップに入れ、枕元から離して盆に置いて飲めョと引き上げる。

暫くして叫び声、ヤッタな、案の定手元を狂わせコップの水を枕に吸わせる始末。次の夜は暑いからとセットした鍵を外し外気を吸いに出たが、戻ったら今度は鍵がかからないと呼びに来る始末。

自分が原因であるということを完全に忘去してしまい、いまの事象のみが脳裏に付いて離れず、それに対応する私たちの処置が不満で母の心に蓄積されたというよりも、突き刺さっているのでは、と疑うふしさえ見受けられる気もしつつあった。おそらくは少女時代に受けた心の深傷が今頃になって噴き出したのでは、と亡くなった今ハッキリ思い出されるのだが。

そんな状態の中にあってもやれるだけはやらなくては、と家内共々覚悟はしたつもりだが、もしもどうしても自分たちの手に余った最悪の場合も、今から考えておく必要があるのでは、が常に頭の中にあった。すでに完全に夜と昼が反対になり、かかりつけのT医院に精神安定、睡眠薬の投薬を依頼するまでになっていた。このままでは三人とも共倒れになってしまう危惧を、ギリギリの事態を、肌に感じるようになっていた。

第七章

いよいよ八月二十日、これからの十日間が運命の日々となってしまった。まさかこれで母と、我々との絆が絶たれると誰が想像し得たであろう。

医師からの睡眠薬の一錠は普通人の服用分であり、母の場合は睡眠中の失禁を防止するために半分を与えて様子を見る。効いたらしい、最もこの二、三日余り寝ていないのだから効くのは当たり前であるが、失禁もしないで寝てくれたのは誠に有り難い。お陰でこっちも久しぶりに熟睡した。が、後がいけなかった。入れ歯のニューができ上がったので自転車に乗せ町まで、新歯を入れて貰い噛み合わせを確かめに行く。とてもいい、と本人も喜び、医者に礼を述べ引き上げる。

さあよく寝たし、歯も入れたから午後から久しぶりに散歩に、というのだが、あいにく午後から雨がポツリポツリ、今日は雨模様だから止めにしようや、が気に入らないらしく、くどく押してくる。「雨では自転車では無理だ、歩いては行けまい、我慢してくれ、明日は晴れると思うから明日いこうや」、と噛んで含めるようにいい聞かす。まだ納得いかないらしく空を見上げ、ぶつぶつ文句を付けていたが諦めたようだった。

夕飯が済み入浴をさせ床につかせたが、一向に寝ようとしない。勝手にしろ、と二階に上がる。風呂から上がった家内の目を盗んで玄関の鍵を開け外に出ようとする、叫び声に二階から駆け下り、止めようとする腕を振りほどく弾みに倒れる自転車、起こしながらそんなに行きたいならば行って来いよ。ただし町内だけにしろよ、と寝衣をTシャツ、スカートに替えさせ外に出す。出しても心配なので後を追う。最初のコーナーに喫茶店がある。もちろん入ったことなど一度もない。

そこのドアを開けて入ろうとするではないか、客の四、五人もいる中にである。外の品書きさえ覗いたことのない母がである。びっくりして慌てて駆け寄り抱き抱える。悲鳴をあげもがき掻きむしり、死にものぐるいに抵抗する。何事が起こったか、と二階のマンションの窓から見下ろす多くの視線、「ヤメテクレッ、なにをするんだっ」とあらがうのを取り押さえ、やっとのおもいで自宅にたどり着き玄関の板の間に放り出す。

俺に何か恨みでもあるのか、こんなに尽くしているのにまだ不足なのかっ。近所に対してもあまりに見苦しいと思わないのかっ、と激昂し尻を叩いた気もしたが、もう頭が怒りで渦巻き全身汗まみれ、辛うじてとにかく風呂に入らなければ、と風呂に飛び込む。家内もオロオロしながらも母に付き添い、次に入れようと私の出るのを待ち、脱ぐのを手伝っている。

頭から冷水を冠せヤット気を落ち着かせ、文句は明日だと二階に。入浴を手伝い寝かしつけた家内が二階に来たのが十時を過ぎていた。グロッキーだが、万が一を懸念し鍵を掛けた上に下のレールにも補助の鍵を掛けやっと床入り。寝入ったかと思いきや階下で音がする。

またもトイレかと思ったが、トイレの扉にしては音が大きすぎると案じながら階下に下りる。な、なんと玄関の扉が下に掛けた錠とも人が通れるほどに開けられているではないか、もちろんあの音は、母がクソ力を出し自分と同重の四十五キロの扉を持ち上げ片側に寄せ掛けて出たという訳か。

持ち上げたまま倒したなら硝子扉はメチャメチャ、そこは明治生まれだ。物を大切にするのはどんな時でも忘れないという美徳を持っていての心遣いか、と有り難がってばかりもいられない。母がトンズラしたことには間違いないのだが、恐らく行き先は二百メートル先の舎弟のいるマーケットであると睨み余り心配はしていなかった。

なあに自転車で追いかければ踏み切りを越したところでキャッチできるとタカをくっていたからだ。踏み切りを越し左右を見回すが、いないおかしいな。そのままマーケット入り口まで、イナイ。戻りながら母の足ではとても此処までは絶対無理である。それならどこに行ったのか。不安がよぎる。とにかく帰宅をしよう、気が変わり家に帰ったかも知れない。

家の前で家内が心配そうに立っている。連絡は、ないわ私も行こうか。イヤ連絡があるかも知れないので家にいてくれ。もう一度回ってくると走らせる。マーケットを通過し駅前銀座へ。

十時半過ぎての通りはさすがに人影もまばら。母の姿を見出せぬまま駅に、見あたらぬ。西友前にいるはずもないが見に行き引き返す。

不安感が濃くなってくる。もしかして埠頭の方に出たのでは、踏み切りを海岸に向きを変え埠頭を隈無く探すがいない。一体何処に行ってしまったのか。あるいは家に帰ったかも知れないと一縷の希望を持ち引き返す。マーケットには行くはずがないと思いつつ踏み切りを渡り、本銀座に向きを変えたが、始めのコーナーをT川に折れたのは、この通りは母の馴染みのない通りで、これから先に行くはずがないと一人合点し、橋を渡り浜田公民館まで探し歩くも見あたらず。橋を川下をT町側に必死になりながら……いない家内も立ち尽くしたまま。

もう仕方がない、万策尽きた。舎弟に架電し急を告げる。三男と次男の嫁が駆けつけ初めて錯乱を知る。手分けをして探すといっても既に探し回った後ではどこを捜していいか途方にくれる。もう十一時近い、焦燥感が体中を駆け巡る。どこにいるのかオフクロよ、頭を抱えてしまう。その時ライトを点けた自転車が家の前に来た。

「お宅のお婆ちゃんだよ。前を通り声を掛け挨拶をしているから間違いない。銀座の奥で徘徊しているのをパトカーが保護したと連絡を受け、行ってみて確認し派出所に向かっているから迎えに来て」と言われるのでは。スーッと血が引いていく。四人が頭を下げ厚く礼を言う。本銀座の入り口で戻らずもう少し足を延ばせばキャッチでき、パトカーのご厄介にならなかった、と悔やんでも始まらない。今はとにかく無事に帰ったことを喜ぶべきだ。

何も聞かずすぐに安定剤を与え、休ませてから二人には帰ってもらったが、涙が頬を伝う。何で俺だけがこんな目に遭わなければならないんだ。近所の手前はもちろん、扉をこじ開け徘徊の末、パトカーの厄介になるこの恥辱、喫茶店に入りたいなら入ればいいという舎弟の言葉。何をぬかす、テメエら一体母に何をしてやったッ。この三カ月顔を出したこともないくせに。とドヤシつけたい気持ちを辛うじて抑えたが。外に出たい気持ちを押さえつけられ、それがひきがねとなり起こした行為ではあるが、雨だから行くのは無理明日行こうが承伏できない以上に反発し、鍵まで開けて出ていくなんて、とても正気の沙汰とは思えない。錯乱していると考えてみても何故こんなにまでされなくてはならないのだろう、涙はしとど枕を濡らす。

もう何をいっても無駄だとはわかっていても、次の日から必死に家まで運んだときに付いた痣を、日陰のベンチに座しながら通る人に見せ、暴力を受けたといい続ける始末。皮膚が退化して注射を打っただけで痣ができるのに、もうイイ加減止してくれないか。にも恨みと憎しみの眼で見ると、叫び声を上げる。完全に常軌を逸している。

具合悪しと聞きつけ、顔を見せる連中も、母の言葉と見せるアザに耳を傾け眼を見張り、肯定し同情を表し帰って行くが、少しでもそう思う気持ちがあったなら半日でもいいから面倒を見ろッといいたい。半刻もいないくせにどうして俺たちの苦労がわかるのか。

もう完全にお手上げ、夜に入ってから十時頃までに風呂に入れ寝かしつけ、次の間の応接のソファーで読書をしたり、枕を持ち込みウタタ寝しながらの介護の生活に入ったが、ソファーでは段ができ、背中に負担が掛かりとても寝られたものではない。

といって毛嫌いされていれば添い寝をする訳にもいかず、またまた我慢を強いられる始末となった。催眠薬を半分飲まされ、ウトウトしている。そっと背中に回り静かにさずりながら歌う子守歌。童謡に心地良げに寝息を立てている。ヤット解放され二階に戻り床に入ったが寝られたものではない。

そろそろトイレの時間だ。行く前に出てしまったらいやだとまた階下に降り、さあトイレだと起こし行かせるが度々ではとても我が身が持たない。スモールライトを一晩中灯していれば一人で起きて二メートルのトイレには行けるだろう。それならばわざわざ起き上がりチェンジ用紐を探す必要はないと思ったのだが、暗さに慣れた目にはスモールでは小さすぎ襖の柱にオデコにぶつけるハプニング、這って行っての悲鳴である。

これもアザになり私の仕打ちとして発表され、世間の注目を浴びることになるだろう。ご主人を亡くされた家内の友人に移動式のトイレの使用を奨められ、有り難くお借りして布団の裾に置き使用させる。物珍しさか、すぐに使用できるのが気に入ったか使い始めたが、私が入っていくと「イッテ、イッテ、体裁が悪いから、恥ずかしいもの、これでもマダムよ」など一人前の口を利くのには恐れ入る（オバンのストリップなど金を貰っても見ませんよ）。

このままではとても持たない。早急に老人病院、ホームなど検討しなければならないが、思いつくところいえば通院しているK医院の経営するY病院があるが、私の友人の母を開院早々入院させたが、僅か二カ月で他に移らざるを得ない介護ぶりに、一カ月掛かって龍爪山下のS病院に転院させたが事情を知っており、四、五回見舞いに行き介護は目の当たり見聞しておりここならば負託に堪えるだろう、と現況を聞いてみる。

案の定S病院は満杯で隣地に新設の老人ホームH苑も満室の盛況、順番待ちの状態とのことだが一応訪問し打診したらといわれた。一応頭に入れておくだけにしたのは、長期的ではないこと、見舞いの日課が無理では、と思ったためであった。それでは近くに適当なところがと、思い浮かぶところといえばS病院である。ここはいわゆる精神科医院として有名であり、内科（近年内科を併設された様子だが）も、昔のイメージが多少残っているのは仕方がない、がそうもいってられないので架電してみる。どういう状態か本人を検診した上で入院の有無を決定する旨であった。

とにかく一度この目で確かめてからと思い、次の雨の朝出かける。病棟の窓には鉄格子がはめられ、暗いイメージは拭い得ない。とても母を任す訳にはいかないが、折角来たことではあり一応面会してお聞きするが架電のごとく、口で症状を聞いても本人を検診しなければ何ともいえないと、当然の回答であった。

帰宅し、母が私たちのいうことを聞きついてきてくれるか、できなければ入院する、の二者択一を早急にしなければならないギリギリまで追い込まれていた。母には両人での介護が不満があるようだが、俺たちとしては精一杯やっているつもりだ。

これ以上に世話をかけるならば入院を覚悟してもらわなければならないゾ。それでもイインダな、と引導をわたす。病院など入ったことないからイヤダッ、こわいから、という。それならこれから絶対にいうことをきくか、に頷く。どうせ眉唾とはわかっているが切羽詰まった気持を是非知ってほしいノダガ。

切なる願い、祈念も空しかり。錯乱の気配は完全に吾れを嫌悪、何が故の嫌悪か、情けなし。裏切られたはわが方ぞ、嫌悪されてまでなぜ介護しなければならないか、そこまでも思い当たることもできない実態であるのだ。昨夜様子を見にき泊まった舎弟も一夜で逃散、早脚から戻った私に、大変ダッタ、とつくづくわかったの一語を残して。たった一晩だが大変だから交代しよう、という優しさは、彼が持っている性格ではあるが。

ショートステイ（短期療養）というシステムが老人福祉の一貫として施行されていたが、市福祉課で設営しているH苑が空き室があるという話を役所の次弟が持ってきてくれた。他の施設は満杯、辛うじてここを探してくれたというワケ。とにかく一週間だけ入れて様子を見よう。同年輩の連中がいて案外話し相手になってくれるだろう。その間兄貴たちも多少ラクになるだろう、という嬉しい話であった。いくらタフで、身体に自信を持っていてもここ数日間は寝ていないし、殊に脳に疾患あり極度の疲労、イライラが累積すれば、亡父や舎弟のようになりかねないと自覚しており、また家内からも再三言われてはいたが、のことを考えるとすぐには返事はできずその去就に迷う私であった。


愈々、これから地獄図の中をさ迷うことになる。

私は常々、後の後悔先に立たずの諺を信奉しており、もし人の忠告、苦言などに耳を貸さず等閑に聞きき流し、実行せず、後になってそれが当たっていた場合、しまった、あの時あれを真剣に聞いておけば良かった、と悔やむことが私自身しばしばあったから極力実行し注意をしてきた。殊に母が物故したいまは果たして後悔することがなかったか、を己の心に問うている。絆、きずな、糸編に半が纏いついて絆である。この絆について私は私なりの解釈を持っている。気の綱、相手（父母、妻子、兄弟、師弟など）と自分をつなぐ糸、であると思っている。糸の半分ずつをたがいに握り合い、脈々と通う交わりは他の誰にも絶つことの不可能なもの即、絆であると確信している。特に母と私との絆は誰にも冒す事のできないものだ。多少の確執はあったにしろ俺の気持ちが通じない母である筈がない、と思っても自己を忘失してしまっている母には！　私も家内も疲れ果てた。

ましてや仕事を持つ家内は一日の仕事を終え帰宅し、すぐに両人の栄養補給を考慮の夕菜作り、食後の片付けが終わってからの仕事の続きは二、三時間にも及ぶ、その多忙の中での母の介護、もし先に家内でも倒れることがあったら、私だけではどうすることもできない、つまり共倒れだ。非常事態をヒシヒシと感じる。

これを防止するのはたった一つ、老人ホームのショートステイに短期入所させて経過を見る。落ち着いた雰囲気の中に母と同年輩の方々との語り合いがあれば可成り回復できるのではと思う反面、期間はタッタ一週間だが、果たしてホームに馴染み、旧に戻ることができるか、母には入院の経験など一度もないのだ。と、思案している間、役所の次弟が気を回し、肝心な私たちに倒れられてはを懸念しての配慮であったのだが……。結果として完全にウラメに出てしまった。

二十七日、この日は母の訣別の十月二日とともに終生忘れられない日となった。いよいよ明日二十八日興津にある施設、H閣に入れることに決定した。

午後様子を見に派遣されたH閣の看護婦に血圧を計られたショックか一七〇も、普段もこんなですか？　に、普段は八〇～一四〇ですと答えたが、血圧を自宅で派遣されたナースに計られるおののきが鼓動を早めたに違いなかった。

何分にも初めての入所であり、血圧計で自宅で計られるのも初めてなので上ったのでは、と説明し了解された。明日二時半までの入所を告げられ帰られる。その宵、夕食もほとんどど箸をつけず早々に部屋に引き上げた途端、突き上げる悲しみが全身を震わせ、慟哭となった。生まれて初めて催した慟哭であっただろう。余りにも不甲斐ない自分が悔しく情けない、歯ぎしりのでる悔しさが胸をよぎり、絶叫に変わり畳を激しく打ち叩く。

オフクロ、たった一人の面倒も見切れずホームにまで追い払うこの悔しさ、悔し涙が滂沱して滴り落ちる。舎弟たちのオレにかけた期待。長兄だからとオンブさせた、その軽い重荷にも添うることのできないダラシナさ。恥じ。羞ずる涙が止めどなし。

慟哭の最中次弟が明日の打合せ、と襖を開ける。顔など見たくもない、「出ていってクレッ」怒鳴ってしまう。俺の苦しみ、悲しみがキサマらにわかってたまるか！　逆上したと解釈されようが、どうとられようが、どうでもいい心境だった。ちょっとの間が新たな感情を加え歯噛みしつつの慟哭はいつ果てるとも思われなかった。突然空虚感が胸を支配する。と涙もついに涸れ果ててしまったようだ。

運命の二十八日の朝は容赦なく訪れる。もう私には母を留める事は不可能となってしまった。母は私を完全に無視してしまって、言葉をかけようとはしない。それが私には堪えられなかった、母の顔を見つめ涙が頬を滴り落ちる。せいぜい一週間か十日だ。一日でも早く戻ってきてくれ。毎日様子を見にゆくからナ。と口にだしてはいえぬ自分が情けない。「おばぁちゃんと同じ年寄りの方がいる。決して心配することはないから、お父さんも私も見舞いに行くから」の家内に、辛うじて頷くが大かたは行きたくない気持ちが手に取るようにわかる。

辛い、何もいわず二階に。果たしてスムースに入荘するだろうか。見舞いに行くことはあっても病院、ホームのベットに寝たことなど一度もないのだ。呵責は身を苛む、母を追い払うのでは！　に、許してくれ、もとに戻るためにはやむを得ない処置ナノダ。と自己を弁護しながらも、自己嫌悪に陥っている自分をどうすることもできなかった。

二時に呼んだタクシーに家内と次弟の嫁を同行させた（毛嫌いされている私では具合が悪いと思ったからだが、それが誤算であると思い知らされたのは後になってからであったが）。可成りの抵抗があると懸念したが、案外素直に乗車していた。「毎日様子を見にゆくから心配するナ」にもウナズクのみだった。三十分かかれば到着するだろう。

一時間半ではおつりがくる、とタカをくくっていたというのも連中の報告を心待ちしていたからだ。それが三時半過ぎても来ない、一体どうなっているンダ。JR・O駅で降りたにしろ、H閣よりバスで帰宅するにしろ時間がかかりすぎる。それにナゼ電話をくれないのかイライラは募るばかり。

四時を過ぎる。何かあったんだ、すぐにH閣に架電をと思った瞬間、鳴る電話。家内だ、ナニをしてるんだ！　もう四時を過ぎているんだゾッ。にいまT医院にいて脱水状態で点滴をうけていると震え声、大変だッ、そこでは入院設備はない、すぐに床を敷く。迎えに出る矢先二人に抱えられグッタリしている母。顔色もマッ青、点滴処置も緊張で血管が収縮し、針が入っていかないとのこと。ナンテこった、なんでこんなバカなことが起こったのかと問いただす。一、懸念したとおり初めて入るホーム、知らない顔々々に迎えられた上、家からの衣服を脱がされ先方の病衣に着替えたショック。

二、規則など細々打合せられいざ帰るだんになり、「それじゃ、おばぁちゃん帰るけどみなさんの言うことをよく聞いて早く治ってネ、明日また来るから」の言葉を聞いた途端、二つのショックが重なり逆上。

なんと血圧二百十にアップ。幸い訪問日のため回診医師の応急処置により少しは下がったが、ホーム側ではこんな条件の年寄りは引き取り不可と即時退所を要求されたという。そんなばかな、そんな状態の患者ならばなぜ即座に救急車を用意し、近くの綜合医院に収容さすべきであったのに。

私が同行しなかったことが、母とのエニシを失わせてしまったのであった、といまでも後悔しているし、私さえいたらすぐに一一九に架電し救急車を派遣してもらい厚原のK綜合医院に緊急入院さすことができたのでは、と前項の誤算を無念の思いで噛み締めている。というのも一日置いて緊急入院させたS綜合医院で僅か一カ月で他界してしまったからだ。何故K病院を固執するかは次のような理由によるものからである。

復員後教会が戦災で消滅したため私はどこか集会をしている所は、と探していたが偶々真砂町で聖書研究会をI師が日曜日にやっておられる事を聞き参加していた。バイブルを読み讃美歌を歌い、説教を聞き、少人数ながらも楽しい集いであったが、店舗の改築にともない自然に閉鎖されてしまった。仕方なく会社の週末の、土、日に半紙に一枚か二枚聖文を墨書し、二十余年を経過していた。定年間近のある日、案内を乞う声に出て見ると、名刺を出され、日基団S教会の牧師と名乗られる。

びっくりしたのはここにプロテスタントの教会が存在しようとは夢にも思わなかったからだ。上って頂きお話を伺う。もう十年前くらいにナント昔通った江尻幼稚園の横に建っている由であった。私が研究会以後の聖文の墨書きをお見せしたところ、敬服され何も申し上げることはありませんと帰られたが、おそらく古い信徒薄からコッコッと尋ね歩かれておられるだろうと、そのお気持ちに報いることと共に信徒として教会を知った以上は往かなければならないと思っていた。

次の聖日威儀を整えて教会に赴く。戦後初めて入る教会玄関をオズオズ入る、目の前のお二人の婦人に驚愕する！　お年は召したがお一人は幼稚園時代の保母M先生であり、もうお一人は師の姪であり青年期美普教会での合同礼拝に参加された懐かしいM姉ではナイカ！　四十年以上の対面に熱いものがこみ上げる。お元気でなによりでした、貴方も元気でなによりでした。牧師から今日はもしかして来られるかもしれない、とのことでお待ちしていたとのことであった。

思いもかけぬ巡り会いは日曜の礼拝を楽しくさせてのご交誼となった。昔の先輩がおられる心強さが熱心な信徒としての自覚を持たせ、聖日にはまじめに通い、儚かったが充実した日々を懐かしく語り合っていた。私本「抑留の希望」も共感されお知り合いに紹介して頂き販売に協力をたまわったことも感謝であった。恵みに満ちたもう神の愛を、己の身に潤化して常に憐憫の情を持って接せられるものごしは、天性の性質に幼児より近所のM教会に通われ、女学校はS市A女学院での習得に磨きがかけられての人格になられたに相違なかった。

その人が事もあろうに交通事故に遭われ、瀕死の重傷を負い担ぎ込まれたのがK病院だった。報を聞き容体はと駆け付けたが、私の頭の中は一体どうしてあんなに信仰の深い方に、神は残酷な生死にかかわる試練を与え賜うのかで一杯であった。集中治療室で酸素吸入器を辛うじて出している包帯で覆われた顔を部屋の窓から眺め色をうしなった。おそらく、前身打撲で意識さえ失っているのでは。

居ても立ってもいられないがいまはどうする事もできない、とにかくラウンジで様子を見守るしかないだろう。ラウンジで考えることは仮に非は彼女にあるとしても、何故事故に…？信徒として彼女の信頼度が深いだけにどうしても納得できない。自分自身の信仰心までぐらつく事実をどうしたらイイだろう。がいまはとにかく重体を脱するまで通いつづけ真心を持って回復を見守るしかないだろうと決意する。自宅より病院まで自転車で二十分かかる、毎朝朝飯後に自転車を駆った。今日は具合は多少ヨイダロウか。夜中に異変はないだろうか、など懸念しつつ通い続けた一カ月だった。

愁眉を開いたのは集中治療室から一般個室に移ったのを見（まだ口が聞ける段階ではなかったがこれ以上は……と判断し中止）てから。病院側の、至れり尽くせりを垣間見、瀕死の彼女を蘇らせた病院側のスタッフのチームワークの見事さを見聞しているだけに、母を緊急入院できなかった事が悔やまれてならなかった（母を失ったいま痛切に）。

T医院で応急処置を受けて戻された母、医師はすぐ老人ホームに入れなければ、といわれるが一体何処で受け入れてくれるか。折角の施設でさえこのありさまなのだ。頭を抱えてしまう（幸い容体は夜通しの看護で小康状態だが）。そうだ、と天からの声、を聞いた。そうだッ！一一九番架電だ。救急車を派遣してもらい緊急入院させることだ。これより他に思案はない、ただ夜はダメだ。なぜなら当番医に多い内科、外科では用をなさないからだ。ひたすら夜の明けを待つ。

ジャスト八時半前受話器を外す。架電しすぐ外に出て小路の角で待つ。サイレン音は救いの声のように聞こえる。コチラですと導く。母の部屋からは横臥したままでは出せない、仕方なしバックで入って来た隊員に窓から受け取ってもらう。支度した家内と同乗しそのままサイレンを鳴らし総合病院に行く、と思いきやT医院に横付け。主治医の診断書が必要とのこと。もうすでに満杯の患者である。家内の顔ですぐ書いて頂いたが十分は経過している。母は口もきけずグッタリしている。待っている間、隊員にどちらの病院か尋ねる、S病院ですの一言が母の運命を決定してしまうとは！　愚痴になるがもしもK病院であったならば……けたたましいサイレンに、避けてくれる車に頭を下げながら早く着いて欲しいと気は焦っていた。裏口に着きすぐに検査が始まる。外のシートに座りながら気が気ではない、もし万一手遅れの診断が出たらどうしようか、に心は乱れる。

お入り下さい、の看護婦の声。おずおずと病室に入る。正面の医師にびっくりする。ナント私の十年来の脳外科の主治医のY師ではないか。なんだ、あんたのオフクロさん！　途端に胸が熱くなる。と同時に安堵のため息が、病院で他の医師との面識のない中で、よりによって担当の主治医が母の緊急の立会い医師になるなんて。思わず声も震えひと通り容体を説明し、何分よろしくお願いする。

大きく頷かれ、精密検査をした上でなければなんともいえないが、いま診察したところでは余り心配はないと思う、にとりあえず胸をなでおろす。が精密検査の結果如何では安心はできない。検査結果の時間の長かったこと。入って下さい、に二人揃って入る。レントゲンを五、六枚掲げて医師は説明される。緊張の一瞬である。脳についての説明が先に。

一、脳内の疾患については特別に問題になるところは見受けられない。

二、ただ写真に見られる通り、外側の骨と脳との間に隙間があり、これが問題とすればあるが、これは老人特有のものでさして懸念にならないだろう。心臓の検診については心臓を繋ぐこの環状動脈にも白い膜の膨らみがあるが、これも年をとれば付着する垢、苔のようなものだが、特にオフクロさんに余計についている様子はない、といわれる。

胃腸に関しては、気にすることはないとの言葉に、内臓は強靭の旨言及する。では心配する事はないですねに、ただ点滴が続けば寝たきりになる懸念があることは承知し、寝たきりが長期に亘ると退院してもらう場合もある、というご託宣(寝たきりに抵抗を感じたのは、コチラはせいぜい一週間か十日の入院と思っているのにナゼ寝たきりになるのか不可解であったが、もし仮に帰されてもオレが歩かせてみせる、と心に誓った)。

とにかく完全看護の綜合病院の看板、設立後数年の施設、それに脳外の主治医、どこをとっても完全無欠。家内と顔を合わせ安堵のため息を。集中治療室は五階に在り既に二人入っている。針を刺し込まれ点滴を受けるか細い腕は哀れであった。が暫し我慢してくれ。七日か十日で退院できるはずだから。われら胸の中を是非わかって欲しいと願うのだが果たして？

ところがここに陥し穴があろうとは、神ならぬ身の知るよしもなかった。全幅の信頼を寄せたはずの病院で、たった一カ月であの世に旅立ってしまうとは。なんとかすがりついた希望の兆しも一転し奈落の底に転落してしまったのだ。

これから死亡日までの一カ月間は書くにしのびない。が書かざれば母の霊の供養にならず、書くことは再びこのようなことが起こってはならない警鐘でもある。と信じているからでもある。

C、I、Uに入室して点滴を受けている母に、いつまでも付き添うわけにもゆかず、とりあえずナースセンターに行き婦長、ナースの皆様に挨拶を済ませヤット帰宅。あぁ、良かった、旧知で私の主治医の脳外科の医師に診断されOKのサイン。ただ点滴の期間がどの位か、終わった後の流動食の期間、それから普通食まで入院するのかなど、頭に去来するが今日は深く考えず、先に帰し仕事を終えた家内共々久しぶり、本当に久しぶりな自由な家庭の味を味わった。夕餉を済ませ風呂に入り、床に就くやいなやバタン、キューと朝までトイレも明け方一度だけ、完全なる熟睡である。それでも四時半の速足、掃除の日課は済ませている。

八時のバスに乗り様子を見に、裏門より五階に行きC、I、Uを覗く。母の姿がない！　びっくりしてナース・センターに走る。アア、昨夕病室にうつされましたといわれる。エッもういいんですか？　に、心配ないから病室に移されたのだとのこと。担ぎ込まれ、C、I、Uに入れられ僅か一日で病室にて治療の点滴とは、内心安堵の胸を撫でおろしていた。

５０４号と教えられ入ってみる。母は入口に寝かされていた。相変わらず点滴を受けながら、いまは眠っている様子だ。同室は二人がおられ、Eさんは七十二、三歳、庵原のお茶問屋でご主人が付き添われ、一年九カ月の入院生活とのこと。Aさんは四十前後、交通事故で頭、腰を打ち十カ月の加療中とのこと。母です。宜しく願います。夜少し騒ぐかもしれません。何しろ病院に入るのは初めてですのでご迷惑かけるかもしれませんので、と挨拶する。お二人ともイイデスヨ、お互いさまですもの、いくつになられました、八十七歳です。エッ！　八十七、とてもソンナお年には見えません。随分しっかりされておられるから早い退院になるかも、羨ましいわの返事。さぁどうでしょうか、と返事はしたものの心中は、常識の枠から見てもいいのだと思考した。

通ううちに心配する事が起こった。入院の長いせいかお二人には面会が極めて少ない。ひきかえ母のところには、夜打ち朝駈けの私は措くとしても、息子、孫、弟妹、親戚、近所の方々らがひっきりなしの見舞い。もちろん病気を懸念されての事で誠に有難いのだが、同室のお二人の為にも一度に来るのは遠慮して、曜日を決め土、日は正午からの面会時間になっており、この時間帯にできれば時間を区切り、来るように心がけを依頼する。

というのも過度の見舞いが同室の方の不和感を蓄積すると同時に、一番問題であるナース、ヘルパーの受入れ側の対応が、頻繁の見舞いが同室も含め介護の那魔、支障になるという反感の起こり得ることを懸念していたのだったが、不幸にも的中してしまった。面会時間はたかだか三時間。大半はドクター、ナース、ヘルパーの管理下に置かれており果たしてどれだけの介護をされているか不承であるが、非難されてよいと思われる。

開院の八時半、三時の面会時には日課とし様子を見にいっていた。朝部屋に着き、半タオルを水で冷やし先ず頬を拭く。次に温水に湿し、髪の毛をきれいに拭きブラッシングする。気持ちよさそうな顔、歯を爪暢枝を綿で包みクリヤー液に浸しこする。昨日家で起きたでき事、近所の様子などを話す。始めは口を聞くのもオックうそうだったがボチポチ口を聞くようになったきた。私に対する敬遠が解けてきたか、来ぬ間の退屈さが口を開かせたのかもしれない。

寝衣は三、四日、おむつカバーと一緒に出されていた。替え衣は二、三枚枕カバーと共に老人用むつきは一袋が常時小棚に収まっている。汚れた寝衣、カバーなどは持ち返り、宵の中に洗濯し、干しておけば朝迄に乾き午後には運び、常に気持ちのよい物を着せることが可能である。

入って五日目、点滴している腕の血管が縮小し栄養不足になるので、肩よりの点滴に変更する旨、S師の通告であった。とにかく早く栄養を行き渡らせ、力をつくようにしてくれ、なにかすがり付きたい気持ちである。

もう、この頃より寝返りはムリの毎日になっていた。アラレもない寝相に、恥ずかしいというより、心配の方が先に立っていた。明治生まれの母は、どこをとってもアラなど全くない、慎み深い女である。その母の、横向きの姿勢で寝ている上にただ乗せられているだけの毛布からはみ出ているか細い足。確かに二時間おきに体の変換、点滴、食事などのため見回りに来られ体の位置は直してくれ、毛布もかけてくれるのだが乗せてあるだけ。ちょっと動けば毛布がズレて足がはみ出してしまう。入院したての時はまだクーラーがかかっており、はだけても良かっただろうが、クーラーの止まる明け方は多少冷えが漂うのでは。

このところ、本土を伺う台風。その十五号の余波の嵐を衝いて出かけた時も、少し冷えを感じる病室に、私はアラレもない姿、骸骨のような脚を見ながら涙しつつ、両股を毛布でしっかりくるんだ。こうすれば暫くは体を動かしてももっているからだ。この何でもないサービスをナース、ヘルパーはやってくれないし、私の方から頼むわけにはいかないのだ。依頼することによりマイナスが出る可能性があるからだ。もしもそんなことが起こったら命とりとなることが必定と思われるからだ。

私は試みに、はだけた状態のままにしてラウンジに行き一時間程時間を過ごした。なぜしたかは私のように是非やって欲しいという、懇願にも似たすがりつきたい気持ちがあったからだが、一時間余経って行ってみても来られるはずのナース、ヘルパーなど一人もいない。これが完全介護を評傍している公立病院の実態であることをはっきり確認したが、点滴を受けている母を介護が不安だからといって、自宅に引き取るわけにはいかない。また、お宅の介護の方法を、このような心のこもった方法でやって欲しいなど口が裂けてもいうわけにはいかない。後の祟りがこわい、母の身が大切だからだが。年をとっての病人、身内の立場を考えての奉仕が何故出来ないのだ？　それがどうしても納得がいかない。

彼女たちもナース、ヘルパーになるには身体が損なわれていたり、心に痛みを持つクランケのために、心と愛を持って働くといった崇高な気持ちから入られたはず。その気持ちが持続できなくなったのは、おそらく息をもつかせぬ多忙、過労があったのでは、と推察できよう。しかしそれだからといって許容される問題ではない、と考えられる。患者の顔ぶれは毎日変わり、普通のサービスを欲している。いや、それ以上を、と思っているのに違いないのだ。一日中各室を二時間置きに見回っておれば馴染みのクランケの様子もわかりそうなものなのに、と理解に苦しんではいた。とにかくクレームは絶対不可である以上、自分で実行する以外誰がやってくれるというのだ。

十日、Y医師がナースセンターにおられたので、容体を聞いてみる。いま肩から入れている点滴で栄養を摂っているが、状況によっては鼻、胃、食道からとも思っており、その結果、口からの食欲がわけばしめたもの。やるだけはやってみようとおっしゃってくれた。感謝感激。ただその食欲が出てくれるまでには相当期間がかかり、動きは全くないのだから必然的に起こる老衰を懸念しなければならない。ということは言外に匂わせている様子であったが。私たちの力で必ず元気にさせてみせる、と家内と誓い合っていた。

時間外の面会を公然と拒否されたのはこの頃であった。パートの仕事が終わった家内が都合をつけ昼過ぎに見舞う。私は三時から夕方、翌朝より昼前迄と割り振りを決めていたのだが、顔を合わせる小意地悪そうなナースが、面会時間は三時からです。それを守ってくれないと、とクレームを付けられた家内。家族ですからといっても、家族でも同じですといわれたと私に告げる。完全看護のシステムだからなァ、と答えてはみたもののなにか釈然としなかった。

というのも、知り合いの老婦人が四階の内科個室に収容され、常に人の出入りがあり、私も度々見舞いに行き、なにくれとなく世話をしていても一度も文句をナースから受けたことはなかったからだ。そんなことからも母が彼女らに敬遠されているのでは、とウスウス感じられるようになってきたのだが。

やっと満足に口を聞けるようになった十五日、朝。私の来るのを待ちかねたように、「毎日、ゴクローサマ、アリガトウ」と労らいの言葉をかけてくれた。びっくりするやら、オソレいるやら。

「ヨカッタナ、もう一息だ、点滴から流動食に変わればしめたものだ」と喜んでいると、「もうタクサン、荷物を纏めて家に帰ろう」といい出す。冗談じゃないッ、まだ二週間だョ。もう少し頑張ってクレ。流動食が食べられるようになったら家に帰ろう、と励ましてはみたものの、それ以降は余り口を開くことも少なくなった。

隣のベッドのEさんのご主人とも顔を合わせ口を聞くようになっていた。その彼が、オバァちゃん毛布を外し、脚を出しているので直してやってはいるが、これから朝冷えがあるから気をつけられた方が、と遠慮がちにいわれる。ハッと思い、気をつけていますが、私等の不在中にもし剥がすことがありましたなら、くるむようにしてやって下さい。とお願いはしたが夜の付添いを許可されてない以上、面会時以降は病院任せとなり、私の憂慮は況すばかりであった。秋の彼岸入り、家内と共に九時前の列車で厚原に出かける。墓掃除を済ませ、供花し香を焚いて祈る。亡父よ、舎弟らよ、母を護ってくれ、少しでも良い方に向かわせてくれ。ただひたすら、祈念するばかりであった。迅足はもう長ズボンを履く季節になり、朝の冷えは扉口にある母の場所ではしのびより、風邪でも引かれたら一大事、とそれのみ懸念していた。

秋分の日、早昼を済ませ母の下に飛んで行く。正午よりの面会が許可されるからだ。勤務のヘルパーが母に「来たョ、お父さんが」という。朝から何度もお父さんは、を聞かされたという。自然に目が潤む。待っていたんだ！　待たれたんだ……。ヤット親子に戻ったんだと。思わず手がしっかりと母の掌を、母も握り返した。

サァ、いつもの作業だ。洗髪、洗顔、歯垢とり、横向きに寝ている重くだるそうな腰を揉みしだく。気持ち良さそうな顔。だがコッチの手がくたびれてしまう。そうだ明日は小型バイブレーター『とんとこ』を使って揉んでやろう。これだと支えるだけで、変わらぬ振動が行き渡り効果があるかもしれない。

見た目にもこの九月も半ばを過ぎた頃より、やつれが目立つようになってきた。持ってきた『とんとこ』は充電式で軽い。これを駆使し、腰、肩などを撫でてやってはいたがその時間もせいぜい二時間。後はすべてソチラまかせでは。

　そんな時折よく回診に出会わせた主治医のY師に、この頃の様子が入院の当時に戻ったような気がするので、できたなら個室に入れるか、付添いが出来ないか、おウカガイをするが当院は完全看護が建て前であるから、とにべもない。それはおかしい、四階の個室の知り合いの老婦はどうか、完全フリーの状態ではナイカ、と文句をつけたいが、それはいってはならないタブーである。じっと我慢の子でなければならないのが口惜しい。ただこの白々しい言葉は胸に刻んでいた。もし、変なことが起こったらタダでは済まさんぞ、と心に誓った。

　九月二十六日、私が病室に入った途端、叫び声を上げている母（夢でも見てうなされていたのか?）。掛けてある筈の毛布がめくれヘソまで出している有様。声をかけ包み直し頭に手をやる。熱い、すぐ体温計を、何と七度六分ある。ナース室に走り熱発の処置を頼む。平熱は六度七八分だからかなり高い。氷枕を手配してくれたが全く釈然としない。

　その時だった。立ち会ったダイエットを必要とするナースが「おバァちゃんは夜中の運動会をするんだから」といわれる。瞬間なにをいわれているかわからなかった。がすぐに判明し、「わるかったネ、私が付添いし、雨天中止をしましょうか」とよっぽどいってやろうと思ったのだが、グッと我慢し、うわ言は八十年このかたの癖でして、自分で気づき目覚めるのですが、待遇がよろしいので、一人では目覚めぬようになったのかナ、と詫びを申し上げてはいたが心中は煮えくりかえるようであった。

二十七日朝、容体を懸念し、私自身の薬も貰いにと八時過ぎに着き、母の部屋に直行する。またまたアラレもない姿。ワケもない言葉を口走り、同室のご両人に迷惑かけている模様に陳謝する。お二人共同じことを皆やっているので気にすることはないですョ。と暖かい言葉に胸を熱くする。毛布で身体をくるみ体温を計る。六度八分はマズマズ。愁眉を開くいつもの日課の顔、頭を温水で拭き、ヘヤーブラッシングしたが、朝夕の冷えは次々と伺い襲う台風と共に増しているのに、夜勤の連中クランケの面倒も見切れないノカ、と怒りがジワジワと湧き上って来る。脳外科にとって帰し、診察を受ける間に母のことを相談してみよう。というのも点滴のみで一カ月を経過していること。点滴のみでは身体の栄養が行き渡らないと思われるが、流動食はまだ早すぎるかを伺う。

Y師は、そうか、もうそんなに経ったか？　それでは切り替えを検討してもよいが。オフクロさん近頃徘徊するってことはないかな、と真に信じられぬ言辞（内心唖然としたのは、主治医として信頼しているだけに）。センセ、あの骸骨のような脚では歩くのはムリですョ、でもユカを這いずり回ることもアルゾ。どうしてベッドから降りるンデス、にそれもそうだナ、と了解はされた模様だったが。

サア！　流動食だ、栄養のつく物を口に容れることが出来るンダ、と喜び勇み、帰宅し家内にも話し、共に歓喜したのだが、この私の一言が母の生命を奪う一歩になろうとは、夢にも思わなかった。午後の面会時間と同時に病室に、Tナースが医師の了解があったから流動食にしてみようか、といい何にしましょうか？　という。

当然ナースがミルクでも吸入瓶に入れ飲ますとばかり思っていただけに、予想に反しヨーグルトを売店でといわれる（ヨーグルトなど飲んだことはナイノに、訝りながらもこれがここの流動食なのか？）。そのヨーグルトも地下の売店で買ってきてといわれ求めナースに渡す。枕を背に当てて起こされた母。うつろな目でなにをされるのかというように細目でうかがう。「オバァサン、口を開けて、さぁヨーグルト」と口にムリに入れられたのと、およびでないのが複合し、すぐに吐きナースの白衣に二、三滴。慌ててタオルで拭き、「スイマセン、どうも飲みつけず口に合わないらしい」と、謝り帰って貰う。

枕を背より外し静かに寝かせる。口を開き歯垢を取るべくピンセットにクリーナーを湿させた綿で歯垢を取っている最中、フト気がつき、重大な忘れたものを発見したのだ。それは舌にネットリと付着している舌苔（ゼツタイ）である。普通健康体な人は食事をする。そのために舌は動くし、朝、昼、夕の食後に歯磨きをしているだろうし、垢が付着することはない筈。したがって私も歯垢が着くなんて思ってもみなかったのだが、気がついて口を開けさせ舌を出させて見つけたというわけだ。これでは点滴のみで一カ月、二カ月の患者の舌苔は相当のものだろう。それは一体誰が取ってくれるというのか。母の場合は入れ歯だから外し、歯苔を取るのはラクな筈なのになぜやってくれないのか。完全看護を唄い文句にしているだけに、不信は増すばかりである。

ピンセットに湿した綿でこすり始める。イヤー取れるワ取れるワ。糸状のヌメリが後からひっきりなしに、一カ月分の溜りだからあるわけだ。二回綿を換え、充分取って水に浸した綿で仕上げをする。「ドウダ、気持ちがイイダロウ」ウン、トッテモ気持ちイイョ。これでは初めて飲むヨーグルトと相俟って吐くのは当然である。吸入瓶に入れた清水を少量ずつ気管支に入らぬように飲ませる。多量であれば咽せて気管支に入るおそれが心配されるからだ。ゴクゴクと喉をならし美味そうに飲む母（まさか、この水が手づから与えた末期の水になろうとは……無念だがいまにして思えば最後の親孝行になってしまったわけであった）。

落ち着きを取り戻し眠りつく母。帰宅するぎわナースステーションを見る。ヨーグルトを与えたTナースの他四、五人いた。舌苔がかなり付着していたので除っておきました。よろしくの、ひと言が居並ぶナースらの反感を買ったらしい。ということがはっきりわかったのは一日おいた二十九日であった。

二十八日は土曜日で所沢の次妹も見舞いに来るというので、家内も多忙の中用意をしたのに姿は見せずに、早昼を食べ駆け付けると三弟が来ており、昏々と眠る母を心配げに見ていた。

持参した冷やしミルクを少量ずつ目覚めた母の口に入れてやる。咽喉を鳴らしながらおいしそうに飲んでいる。これを見て弟も胸撫でおろし帰っていった。また少し飲ませば気管支に入ったらしく、咳き込み悶える。シマッタナ、と慌ててナースを呼びに走る。横臥したまま飲ましたのが悪かったが背をさすっているうちに治ったが、ナース曰く、チャンと起き上がらせて飲ませないからと吐かす。それならばナゼきさまらが流動食とやらを起き上がらせて飲ませてやらせないか。と啖呵の一つも切りたいところだが母の身にかかってくる。短気な私がここまで我慢しなければならないとは（だがもしもヘンなことが起こったらタダでは）。

九月二十九日。この日の光景を書くのはしのびない。母が死の断崖に立たされた日であった。早昼を済ませ自転車を駆って出かける。いぎたなく、セミストリップで横たわっている。毛布を腿にくるみ、恒例の作業を終える。ミルクを吸入瓶から直接ではなく、綿に含ませての吸引であったが再び、咽喉にからむ。

日直の「夜中の運動会」のSナースであったのが母の運の尽きであったのだ。容体を告げる、とナント吸入ホースをセットし母の鼻に突っ込むではないか。モガキ苦しみ外そうとする母の手をしっかり握れという。何もわからずタダ我慢してくれと手を握るばかり。顔色は蒼ざめてくる。必死の力で振り解こうとする点滴のみ受けている力とは思はれない。

二分後に外されたが、ホースに吸われ空になった肺に吸われる空気の量は弱った肺、まして心臓に良いはずはないし、血圧も二百近くなったのでは？　ヤット落ち着きを取り戻したので、同室のご両人にまたご迷惑を掛けているのではと詫びをいう私に、このナースが「おバアちゃんは、夜中の運動会をするんだから」と前に聞いたセリフを吐かす。胸に突き刺さる一語である。

決定的だ！　母は完全に反感を持たれている、と、痰をとる処置に関しては素人であるから推測できないが、八十七の老齢を承知の上で両鼻にホースを突っ込み悶え苦しむのを見ながらセセラ笑って両手を握らせる残酷さ。非道ぶりはとても常人では考えられない。あの小太りしたSナースの顔を母を死に追いやった張本人として決して忘れることはないだろう。

ぐったりする母。オロオロしながら冷水で頭を冷やすしか脳のない非力な私。ガンバッテクレと、祈るしかない。

エピローグ

三十日、九月もいよいよラストだ。朝、亡父、舎弟の遺影、仏壇を掃除し、香を焚き位牌を前に祈念する。もう考えることは何もない。何とか命だけは取り留めてやってくれのみ。もう面会時間などは糞くらえだ。特別申込書をとれば面会時間はフリーと、Eさんが教えてくれたが、書く気にもなれず八時前には静かに入室する。

入った途端、ウワ言を発しベッドに片足をかけるおぞましさ。毛布で腰を包み直し、持参するアイス袋を頚の両側に置く。落ち着きを取り戻したようだ。髪を拭き、『とんとこ』で背中を揉んでやる。やっと寝入る母。ヤツレはみせているが、顔色のさほど変わらないのが救いといえば救い、といえるかも知れない。

日勤のナースが来る前に早々に退散。午後にまた来るから、と言葉を残しながら。懸念が残り、午後も早めに行ってみる。部屋の中からの呻き声に、声を掛けながら背中を撫でて落ち着かせる。頭を拭き梳かしていると、若いナースが来て、ナント再び吸入ホースを片側の鼻から突っ込む。びっくりし何をするのかッ、と詰問する。肺炎の兆候あり、その検査のための痰とり、というではないか。最悪の事態が（懸念したことではあったが）いま目の前に現実となって現れたのだ！

主治医のY師よりも（常識からいっても）年寄りにとって肺炎は命取りと、再三聞かされていたからだ。居ても立ってもいられぬ思いで付き添っている中、見回りの同じ脳下のT医師に肺炎のことを縋り付く思いで尋ねる。右肺炎症あり、とヌケヌケと吐かす。説明に寄ると膀胱炎が肺に入ったためとか。何で下の菌が上の喉に入るんだ、と文句をいいたいのをグット我慢し、何もいわず完治する処置だけ依頼する。

彼も最前は尽くす、といってはくれたが。一カ月足らずの介護の実態を垣間みて、もしものことがあったら覚悟してオレ。只では済まさんゾ、と胸に誓っていたものの、まさか真実になろうとは夢にも思ってはいなかったのだッ。入院してから一カ月に渡るのに満足に毛布も纏わせてもくれず放置した、病院側の故意ともとれる処置より起こった風邪引きによる肺炎としか思えぬ症状をすり替え、膀胱から入った菌である。とこじつけるイカガワシサは了解できないことである。

なぜなら点滴オンリーの栄養どりがどうして彼らのいう喉から入ったのか。全く素人でもわかることを毎日通っている私が把握していないとでも思っているのか！

母の介護を現実の目で見ておられた隣床のEさん。昨日完治せぬまま退院されたが、聞けば自宅療養されるという。私が近所に新設のA園は老人ホームであり至れり尽くせりの設備であり、もし母がこの病院を退院したなら入園させるつもりと、パンフレットを示し、市老人福祉課で聞いたままの手続きをお話ししお勧めしたが、自宅療養を固執されたのが不思議に思えたが母の亡くなったいま、合点がいくのだった（このご主人は私の居ないとき度々母の毛布を掛け替えて下さったが、おそらく介護の様子を見聞きし、病臥する最愛の婦人の一年有余の入院生活に終止符を打たれ、新規のホームの入園も右に同じと解釈され、自宅で老体の身での看護に踏み切られたのであろう）。

持参した氷を入れたビニール袋を首筋にあてること。『とんとこ』を背中に当て動かすしかのうのない私の悔しさ、人に見せマジと、汗を拭く格好で悔し涙を拭く惨めさ。やっと寝る母に明日朝また来るよ、と胸でいいながら帰宅したが、まさか一日経過して没し去ろうとは神ならぬ身の誰が知り得たろうか。

十月一日降雨の朝、母のもとに。肺炎らしいの宣告を受けショックの私はとても眠れず信ずる神に、亡父、舎弟の霊に母を護らせ賜えと必死に祈り続ける。頼みはそれしかないのだ。朝の明けるのももどかしく七時半に、乗るエレベーターも遅しと病室に、相も変わらずアラレもない姿。はや神無月に入り台風の朝夕は冷えを感ずるというのに、その朝冷えのさなか、肺炎の母をナントいうことダッ！　激怒が全身を覆う。

もしも万が一が起こったら……と、やっと耐える。毛布でしっかり両股を包む。頭の氷嚢がないのは熱が下がったからか。興奮気味でしきりにうわ言を言っている。私が声を掛けてもイヤイヤをし、拒否する仕草はおそらくナース、ヘルパーへの忌避の現れであったのだろう。私の声さえもその一人に思えたに違いない。力無く空を切る手をしっかり握り、「オレダ、お父さんダッ」にやっと気づき落ち着く。髪を梳き顔を拭ういつもの日課に安心したか眠る。

同室のA姉に、済みませんね、夜中に騒ぎ迷惑を掛けお詫びいたします、というと「大変ですね、でも幸福ですよ、こうして毎日来られ、面倒を見られるのですから。私のとこなんて……。でも私が腰痛のため起きられず乱れた毛布を直して上げられないのが残念ですよ」といわれる。

とんでもない、そのお気持ちだけで充分ですが、時間に一度見回りナースらがなぜ乱れている毛布を腿にくるんでやらんですかナー。そうすれば次の見回りまでしっかり包まっているのに、の問いにそんな風に気の回るのがいるはずがないですよ、と吐き出すようにいわれる。此処に入院している患者、特に手数の掛かるクランケは、ナース、ヘルパーにとっては敬遠の四球の如き存在であり、〝真夜中の運動会屋〟と異名をとる母などは目の上のタンコブとしか考えていないことが容易に推察される。

十月二日、私のこれからの余生に、忘れざる〝死に神〟は、私の手から掛け替えのない母を奪い去ってしまったのだ。満足感とはほど遠い完全看護の名の下に！

今朝もまた、早めに朝食の支度を整えるよう家内に依頼した。コール、もしやしての懸念、他からの架電であって欲しいという願いも空しく病院から、「母の容態急変」の一報。一瞬我を失う。状態をこのナースに聞くよりも、一刻も早くと電話を叩き切る。「病院からの連絡を待ち、急報を舎弟等に告げる支度を」といい残し、タクシーを急がせる。遅い、もっと早くやってくれと心にせかせながら。

裏口からエレベーターに乗る間ももどかしく5階のボタンを押す。集中治療室にY医師、S医師とナースが、母の心臓を圧迫しつつ、人工呼吸を。蒼白な顔、手を握る。冷たい、冷たい手。蘇生の手段を冀《こいねが》い、もう手段無しの医師たちを横目で見やりながら、涙が滴り落ちる。

亡父よ、舎弟たちよ。神のみ手に拠るに足りない私なのか。それならば私を罰し、母をよみがえらせて欲しい。と切に切に祈ったが「七時三十分。永眠されました」と告げるY医師。続く「死因は心不全です。お悔やみ致します」の虚しい言葉に恨みの燃ゆる形相で睨み付ける。

そのまま急いで一階の電話室に、死を伝えに走る。妻も驚愕し声はなくし。すぐ一族に架電して死を伝えること。葬儀社（互助会）にも架電し亡骸の引き取りの手配を依頼する。冷静にならなければ！　冷静にならなければを打ち消すように、ドクター、ナースらに対する憤怒が身内を駆けめぐる。

母は殺されたのだ。タッタ、ひと月の入院で、ナース、ヘルパーらになぶり殺しにあったのだ。それにこの俺も手を貸したのだ、の慚愧に涙が後から後から滴り落ちる。

引き取りの車を待つ時間、憎しみ悶えつつ人気のない廊下の椅子で声を抑えて慟哭していた。弟が来ていることが放送されたので、涙を拭きつつ地下へ行く。

死体搬送車も来ていた。その搬送車に乗せられたとき、Y医師が深々と頭を下げ見送った。が「決して許しはせぬぞ」と窓から睨み付ける。物いわぬ母、硬直した身体。組み合わされた手。嗚咽を耐えて、泣き声を誰にも聞かせてはならぬと耐えるが、滂沱の涙。

もうこの世にあのオフクロはいないんだ！　どうしようもない寂寥感が全身を包む。でもここでしっかりしなければ天路家の総領としての責任が。回避することはできない、葬儀の宰領が待っているのだ。しっかりせよ、嘆きは一切が終わってからでも遅くはないとの自戒が私を。

亡骸は帰宅する。母の六畳は駆け付けた息子等に片づけられており、安置された。物言わず両手を組み合わせる変わり果てた母。一座の者の号泣を誘う。死ぬならば、せめて母のこの部屋で死なせてやりたかった。悔し涙がまたしても頬を伝う。

葬儀の準備に忙殺される。互助会の祭壇の設定から引き回される。豪華絢爛たる祭壇によって当然値も高くなるのは、格式によるものだというのだが、悲嘆のドン底にある者には優劣を云々するわけにはいかず真ん中ぐらいで決める（初七日まで飾るだけならば、悔やみに来られる方々に対する見栄としか思えないが）。

寺にはいち早く知らせはしたが、枕経にこられるまでの間、片づけ、親族、親類への連絡、葬儀の互助会への連絡などに忙殺される。明日はお通夜で明後日が葬式の段取り、親族、近所の各位も帰っていく。一族の長としての取りあえずの責任に明け暮れた一日が終った。

静かになった母の居間に、いま骸と化した母が手を組み合わされ、その顔は白布に覆われ少しも動かない。その棺の前に座布団を並べ、せめて一夜を共に過ごし親不孝に償いをしようと思った。そうしなければいけないんだ。襖も障子も新しくしたこの部屋で介護し、寿命が尽きたら、この手で末期の水を飲ませてやらなければ、と覚悟していたのが裏腹に、よかれかし、早く帰れよ、と送った自称完全看護の総合病院で僅か一月の入院での肺炎による心不全の死。

疲れ果て二階で寝入る家内、母の部屋の戸を閉め白布を外し、母の顔を凝視しながら必死に嗚咽を殺し慟哭した。滂沱の涙は引きも切らず頬を伝う。

もうこの世にオフクロはいないんだ。寂寥感がジワジワと身体を満たす。歯ぎしりの出る悔しさが身を苛む。何も出来なかったオレを、親不孝なオレを許してくれるか。冷たくなった手をいとおしさに撫でながらマンジリともせぬ一夜を過ごしたが、それと共に家長としての責任は、初七日から始まる葬儀一切の取り仕切りが肩に重くのしかかっていた。いつかまどろんでしまったらしい。

四時過ぎには日課の迅脚に、夜明け前の空には星が輝いている。東の空には明けの明星が煌めきを一段と増す。瞬間、アッ母星だッ。アレがおれのオフクロの星だ。そうだ毎朝出かける度に声を掛け、天国で親父、舎弟等と仲良く過ごしていることを願い、俺たちを守ってくれよと、星を見上げながら呟いていた。

母の死亡が北安東の翁の娘（ママと呼んでいる）から伝えられ、牧師が来てくれる。母の容態が悪くなった頃、早朝礼拝で、私の祈りに対し彼も祈ってくれたことは有り難かったが、その後二度三度顔を合わせても「どうですか具合は」とか「少しはいいのですか」など一言もいわなかった彼が、初七日の朝祈祷にわざわざお出まし願うとは、有り難く涙がこぼれるというものであり、支度に追われるを口実に早々お引きとりを願ったしだい。

骨壷に納められた母の軽い重み、膝にしっかり抱きながら厚原迄の区間、同行の者には一言も口を聞かず、穏やかに晴れた駿河湾に浮かぶ釣り船、遠く霞む伊豆の山々にも目もくれず、葬儀終了の際の挨拶の文句を考え巡らせていた。

出棺時の挨拶。涙も涸れ果てたいま、悔やみに来られた皆様に心から感謝し、一カ月の入院中に示されたご好意の数々と共に六十余年この土地にあってのご好誼を深謝し挨拶に替えたが、葬儀の挨拶はもっと赤裸々に私と母の絆を語り、肉体の絆は切れたが、心の絆の続くことを参列の皆様の前で誓うことが母に対する供養だろう。

和尚の勤行から葬儀は始まった。私は放心したように目を閉じて念仏を聞いていた。どのくらい経っただろう。いつのまにか読経の声は止み、私を触る気配に目を開くと香鉢が置かれ回されるのを待つ義弟の仕種。参会の皆様五、六十人の香が終えた。

いよいよ私の挨拶だ。まず母の葬儀にご多忙中の所、また遠路に拘わらずおい出賜ったご厚誼を深謝してから、「好かれかしと入院させたのに、たった一カ月の加療で、思いもかけぬ昇天に断腸の思いであります。私は常々齢を重ねる母のいまわの際には（お婆ちゃん、楽しかったかい）に対し（うん、とても楽しかったよ）の一言を聞き死に水をとってやるのだ、と心に誓っていました。たとえ口は聞けなくても目が応えてくれる、と信じ努めてきましたが、思いもよらずかくの如き仕儀に胸塞がるる思いであります。昇華された遺体が灼熱の炎に焼かれ、煙突から出る蒸気（むれき）の揺らぎを一人見る時、身を苳られる思いで号泣しました。なんで病院なんぞに入れたのか、と慚愧の中に浸っていました。母は私のオフクロであると共に、ベストフレンドでもあり、かつまた戦友でもありました。いま全てなくしてしまい悲嘆のドン底におりますが、これは宿業であり、諦めざるを得ないことを承知しながらもなお、おそらく終生私の胸から離れないでしょう。しかしながら母はまことに人との交流については恵まれたと思います。六十五年、この土地での生活の中で非常に多くの皆様のご好誼に預かりましたことについては好運でありました。と申しても過言ではないと思います。そのご好誼の中には既に他界された方もおられますが、母も今頃は天国で例の如く井戸端会議を開いていることでしょうし、ご参会の皆様のお心の中にも母の印象は残されていることと存じます。私ども一同は温かかったあの母の思い出を終生持ち続けていくことでしょう。本当に今日は有り難うございました」。

そして骨壷は、読経の声の中、漂う香の香りに包まれて天路家の墓に安置され、葬儀は終了した。

我が墓地は真に風光絶景の場所に位置し、西は由比海岸を経て、薩唾峠を越し、日本平を見下ろすS市街から海を二つに切る岬がかの三保の松原である。裏側に位置する富士は残念ながら望み見ることは不可能だが、真正面からの素晴らしいこの眺めを味わって欲しい。紺碧の駿河の海を通して伊豆の山々はなだらかに起伏し断崖の石廊岬に太平洋の荒波が打ち寄せている。墓参の折りの母の口癖は、お父さんいつ来てもここはいいねえ、おじいちゃんもよい所に墓地を買ったし、毎日こんな素晴らしい風景が見られるなんて、とよく話していたが、今日は自ら入ることとなってしまった。

十月四日、母のいなくなった家は空虚である。飾られた祭壇はきらびやかではあるが、母が好むところと違うような気がしてならない。厚手のコートを羽織った遺影も少しぼけていて、微笑んではいるがこんなトコはキライだね、と目が語っているようだ。入院中はいつか必ず帰ってくる、戻ってくるという期待の中の夫婦二人の生活であったし、母の面会時の容態が夕餉の時の話題だっただけに、祭壇に飾られた遺影と、静月浄蓮大姉と録された位牌に流れる香のかおりが、空しく置かれた座布団と共に寂寥感を漂わせていた。

どうしてこんなに早く逝ってしまったの？ の問いかけにオジイチャン、ターさんや征樹の輪の中に入ったんだから、と遺影は答えているようだったが、母を死においやったＹ医師への憤怒と痛恨は消すことはできなかった。彼に対し詰問、弾劾の抗議文を書かざるを得ない心境であった。

「Y医師様、母志ず恵儀、平成二年十月二日貴総合病院で死去いたしました。普通であれば率直に介護に尽力されての厚礼を申し上げなければなりませんが、私の場合はその全く反対で心の底からのウラミ、ツラミを申し述べ貴意を得たいと存じます。

一、緊急入院の際の各箇所のレントゲン、CT撮影のフォトを示され、頭蓋の外骨と脳の空間は、心臓に至る大動脈の隙間は年と共に増え避けることの出来ない症状であり、欠陥と呼べるもべきものではない。ただし、足腰に衰弱が見えており、栄養のための点滴が続けば或いは寝たきりとなる場合があるやもしれない。との言葉にやっと愁眉を開き、私自身の主治医である貴方に全幅の信頼と、安堵の気持ちを託したのだった。

二、入院当初は慣れぬことや、無理にさせられた不満もあり、寝付かれずに、夜中に呼び声、叫び声を発したこともあったように同室の方からは聞いていましたが、それも大したことではなく五、六日には慣れてきておとなしくなってきた様子で、実は、ホッとしたわけである。おそらくベッドでの慣れ、介護するナース、ヘルパーに対し親しみを出さないというのは、自分の身に掛かってくることを実感として体験したのでは、と思われることである。

このことは、入院してタッタ十日経った九月十日の朝、平静さを取り戻した母が顔を出した私に、もうダイジョウブだから荷物をまとめ家に帰ろうや、と言い出すし、私は仰天し冗談じゃないまだ十日だよ、点滴も外されていないんだ、栄養食が食べられるようになるまで我慢してくれないか、とまで言及しているのだ。

九月中旬過ぎての病院の夜間の冷房はさすがに冷え、寝相の悪いアラレもない姿は一目瞭然、介護にマイナスが加算されることは十二分にわかっていながら、回診のナース、ヘルパーが何故処置を講じなかったか。毛布を掛けるだけではなく腿をくるんでくれなかったか、になんとも情けない介護体制に、言いようのない怒りを覚え続けたことを、あなた方に明らかに要求できない患者の苦しみを理解頂けはしまい。申し出が患者に好結果は招かないと知っているからである。

三、九月二十八日に私の治療薬を頂きに貴方に会い、母のことを依頼し、点滴もひと月近くになりもうソロソロ流動食に、を依頼したところ、徘徊の兆候の有無を尋ねられた、あの足で床に降り何処に行かれるんです、に了解されたが、何を飲ますかは指示されず、午後に、飲んだことのないヨーグルトを買ってこさせ、無理に飲まされた結果直ぐに吐きだし、ナースの服を汚すことになり平謝りに謝ることになる始末。もちろん彼女が母に対し良き感情を持つはずはなく、後に尾を引くに至ったわけである。

口を開かない、様子がおかしい、と思い口を開けさせてみると臭い口臭、歯苔は入れ歯を外しこすり落としてはいるが、舌苔までは気づかずピンセットに綿を挟みこすり落とす。出てくる取れるわ、取れるわ、糊状となりくっついてくる。

これでは飲みつけないのにプラスされ喉を通らずもどしたことも頷けるわけである。患者の状態も判らず点滴から流動食にスイッチする大切なときに、ドクターの適切なる指示もなきままナースの裁量に委ねたのは真に遺憾であるが、それよりなお重大な結果をもたらしたのは、介護を終え、帰路ナースステーションに立ち寄り、口苔を完全に取った旨申し入れをしたのが五、六人いた連中の反感を買ったのは事実で、翌日私の目の前で喉に付着した苔を取るとの理由で吸入器を母の両鼻から突っ込み、悶える両手を持たせたあの小太りしたナースのS、翌三十日、今度は肺炎菌を調べると理由を付け片方の鼻に突っ込み虚空を掴んで苦しむ母の手を無情にも掴ませたあの若いナースの顔は絶対に忘れないだろう。

そして死亡診断は、心不全。風邪を引かせるように仕向け、舌苔を取るを口実にホースを突っ込み、肺に負担を掛ければ即、高血圧になり当然心臓に負担が掛かることは門外漢の誰でも知悉していることである。

四、入院させたのは錯乱状態にあったからで、半月もあれば退院が可能と考えており、完全看護を標榜し、それを誇示する総合病院において、肺炎の気もない母を、脳外の医師管理する病棟でナース、ヘルパーの介護ミスにより、たった一カ月で肺炎による心不全で死亡させるなどとは、一体いかなる訳か、その責任を追及するし、この恨みツラミは終生忘れない。特に両鼻にホースを突っ込んだSは呪い殺してやりたいッ。

と繰り言を書き記したが、いくら繰り言を言ったところで、母が帰ってくるわけではない、それより母の死を今後の教訓として生かせば母も満足するだろう、と諦観したが彼にはこれを他山の石として、患者の性格、症状は十人十色であれば、どこまで納得のいく介護体制を持続するかが問題であろうと推察される。が仮にも完全看護を標榜しているならば、良くて当たり前であるという前提で、入院していることを夢忘れないで欲しい旨を言及した。

最後に直接介護に当たったナース、ヘルパーに苦言を伝言するように書き記した。さらに希望に満ち、病魔に苦しむ方たちの良き慰めにならん、と入所したときのあの感激をもう一度思い出して頂きたい。一人一人の献身、奉仕がどれだけ患者の生きる支えになっていたかを、もう一度再認識して欲しい。確かに十人十色の患者、オールそちらまかせの年寄り、いい聞かせてもなかなか承知しない老人等々、苦労はよくわかる、が、新設の病院である。加えて完全看護を標榜している、ならば当然ナース、ヘルパーも問題はない、と思うのも不思議はないはず。

とにかく母の死は介護された上でのショックになり、教訓を与えたものと思考する。死んだ者は戻らない、が何故死なせたかについての原因の追究、反省につながれば決して無駄ではなかった、と泉下の母も慰められることと思われる」で彼に対する抗議を終わる。

二、三日経ち彼からの電話に接した。悔やみをいわれ、亡くなった母は幸福であったといわれる。あんなにまでして尽くす方は珍しいといわれ、自分の場合は医師という職業上、ここに勤務していて名古屋の親父の死に目にも立ち会うことが出来なかった、と嘆かれておられたがソレとコレとは話が違うし、反省と不再犯の覚悟も極めて少なかったが、レターを再読し、意のあるところを汲んで欲しいと、死んだ者は帰ってこないと、和解に応ずることを承諾した。

二十七日の墓参り、亡父の戒名の隣が一列空いていてその隣に舎弟のが刻まれている。七七忌の来月十日までに母の「静月浄蓮大姉」戒名を父の隣に埋めてやらねば、と思いつき帰宅しここからではわざわざ彫りに来るのもと思い、奥原にも石屋があるのではと電話帳を繰り、宣伝を載せた石材屋はオミットし、T店を選び架電し依頼する。いつまでにいるんです？　に来月十日、二十日あります。に二十七日の九時半に寺にて打ち合わせましょう、という有り難い連絡。何とかやってくれればイイガと二十二日に出かける。

夫婦で来て既に墓は見ておられた。先に供養する私に、母の症状など聞かれ私がミスで死なせたも同様ですというと、エッ、お宅もですかに、ビックリする。
母と兄が入院している富士市の総合病院で、過失と思われる看護で死去した母に入院中の兄が病院側に介護の改善をなす申し入れをしているとのことであった。戒名彫りの件は快諾され、来月十日までにやらせて頂きましょう、に彼からの申し出の金額に上乗せして渡す。さあこれで母も安堵するだろう、もう少し、十日まで待っていてくれよ。ところがナント四七日の二十九日に供養に行って驚く。亡父の脇に母の戒名が彫られているではないか。
直道源心居士　天路源太郎　昭和四十四年十月二十五日　没
静月浄蓮大姉　天路志ず恵　平成三年十月二日　没
父のと舎弟のはやや細目の字体であったが、母のは太めできまり悪げであった。これで安堵して父の所に旅立ったことだろう。奥原の駅からA石材に感謝の架電をする。十月も終わる。
他界した母への思慕をこめた「慟哭」もここに完了する。

追記

もう六年間私は教会には行っていない。牧師の主催による日曜礼拝、早朝礼拝には一日として欠かしたことのなかった私が、不参加を決めたのは、教会自体と参加の信者が、ブルジョア的プチブルジョアの気分になっておられるのではと感じられたことが第一項である。

十年前、チェルノブイリの臨界事故による数万の被爆者が難を被ったという最中、なんと教会堂を補修するというならまだしも、讃美歌の伴奏となるオルガンが古くなったのでパイプオルガンに変えるということで信者一同が集まり諾否の討論が行われた。

それも進言したのが伴奏者であり、私の幼稚園児の頃、日曜学校に来ないかと勧められた、あのM先生（結婚されYと変わる）の息子（芸大音楽科卒業）とは。この教会の改築であればまだしも、一千万以上はするであろうパイプオルガンが何故必要なのか。

反対者、私の他はS翁の娘R姉の二人。大半は反対だが牧師の腹は決まっており逆らうことは、の空気が醸し出されていた。「いま現在使用しているオルガンが壊れて使用不可なのか」、「NO」に、「たとえ外国であっても数万人もの人々が被爆され苦しんでいるのに、対岸の火の如き思考で、高額のパイプオルガンを買う必要があるのか」と厳しく反対し、現在使われているオルガンが使用不可になった時点で同タイプを購入するというのなら反対の声はない、と言い切る。もちろん反対もあったが、こう言い切った私の言葉に対しての抗議は弱く、理事会において再検討すると散会した。

その時から教会に対する、信者に対する私の思考が百八十度転換したと行って差し支えないと断言できる。パイプオルガンの費用を信者の数で割れば、寄付を募るよりも確実であるという、見え透いた説でOKを取り、その負担も多数ならば少なくて済むという打算。

不必要な物を自分自身の腕を披露したいという小汚い根性で手に入れようとしている。それよりも重大なことは「己の如く隣人を愛せよ」の主のみ言葉に背くことになる、というのはチェルノブイリの悲惨なニュースを耳にしながら、国を越えた救助活動募金が実施されている最中に、人の悼みなんかどうでもいい、の冷たい態度、法外な要求（パイプオルガンの設置）はとてもXチャンとは思えぬ行為と、おそらく理事会でも拒否をされるだろうとわかっていても、教会に足を向けるには何か忸怩たる気持ちが昂じ、行くことを中止してしまった。

第二項は「偶像を拝むことは不可」という不分律がある（もっとも十字架上の主イエスキリストは別扱い）。ところで天路家の総領である私には、先祖といっても曾祖父からだが、亡父、亡母、舎弟二人の骨壷の入った墓がある。それを毎月十日には参詣し、供養を欠かしたことはないが、墓とか位牌も偶像の一種とみれば聖書のみ教えに反することを実行していることになる。それも母の亡くなった現在、心の隅に引っかかり、教会への足が遠のく仕儀となったしだい。

ただし、私はいつも主（神）のみ掌の中に生かされていることを感謝し誇りに思い、自身の言動は全て神のご指示により動かされており、俺の行為、言辞は絶対違えたりはせぬ、の自信に満ちた日々を送らせて頂いていることをはっきり申し上げ追記を終わる。

【著者プロフィール】

天路のぼる（あまじのぼる）

1924年甲子生まれ、静岡県清水市出身。
地元商業高校を卒業。商事会社N.I.Cを定年退職。
社会主義の実践を心がけ、教会に属さざる熱烈なクリスチャン。

慟哭―母に捧げるレクイエム

2000年7月3日　初版第1刷発行
著　者　天《あま》路《じ》のぼる
発行者　瓜谷綱延
発行所　株式会社文芸社
〒112-0004　東京都文京区後楽2-23-12
電話03-3814-1177（代表）
03-3814-2455（営業）
振替00190-8-728265
印刷所　株式会社フクイン

©Noboru Amaji 2000 Printed in Japan
乱丁・落丁本はお取り替えいたします。

ISBN4-8355-0416-X C0095